Angela Helmberger

Glücklich trotz Unverträglichkeiten: ROTATIONSDIÄT

Bauchschmerzen und Nahrungsmittelun-
verträglichkeiten dauerhaft lindern —
Reizdarm und chronisch entzündlichen
Darmerkrankungen vorbeugen

Verlag und Druck:
tredition GmbH
Halenreie 40-44
22359 Hamburg

Bibliografische Information der Deutschen Nationalbibliothek:
Die Deutsche Nationalbibliothek verzeichnet diese Publikation in der Deutschen Nationalbibliografie; detaillierte bibliografische Daten sind im Internet über http://dnb.d-nb.de abrufbar.

Für Frank, der an Morbus Crohn erkrankt ist
und dem ich sehr gern helfen würde.

Inhalt

VORWORT

In all der Zeit, die ich nun schon mit Reizdarm und Lebensmittelunverträglichkeiten lebe, habe ich zwangsläufig immer mehr Wissen zu diesem Thema erlangt. In den ersten Jahren war ich trotz einiger Ratgeber, die mir wertvolle Anregungen geben konnten, ziemlich einsam und unwissend auf mich allein gestellt. So blieb mir nichts anderes übrig, als zwischen diesen Eckpfeilern der Anregungen durch eigene Recherchen ein immer dichter werdendes Netz an Informationen zu spinnen, auf das sich meine Ernährung und Lebensweise seit 1993 gründet. Ab 2008 liegt diesem das *Rotationsschema* nach Jutta Poschet zugrunde. Da dies ein langsamer, steiler und steiniger Weg war, der viele Jahre gedauert hat, möchte ich hiermit allen, die mit ähnlichen Problem zu kämpfen haben, ein Buch an die Hand geben, mit dem schneller und leichter Hilfe zu finden ist.

Als ich damit anfing, gab es noch kein Internet und Informationen wurden in Form von Buchempfehlungen, Fotokopien, handgeschriebenen Notizen sowie Adressen und Telefonnummern bewanderter Personen verbreitet. Seit es das Internet gibt, sind zwar viele Informationen leichter zugänglich, aber die objektive Fakten deshalb nicht mehr geworden. Eigentlich ist es inzwischen sogar eher schwieriger, diese in der Fülle an Daten zu finden bzw. als solche zu erkennen.

Ich habe lange gebraucht, meinen Weg zu finden, und es war nervenaufreibend, bis ich endlich eine Diagnose bekam, und sehr schwierig, die Richtlinien dann im täglichen Speiseplan umzusetzen und zu praktizieren, sodass ich nur hoffen kann, dass meine Leser dank dieses Buches schneller zum Erfolg kommen. Ich möchte einfach nur gerne meine Erfahrungen und mein Wissen weitergeben und es würde mich freuen, wenn andere Betroffene davon profitieren können – damit es ihnen schnell besser geht oder damit es erst gar nicht so weit kommt. Ich bin fest davon überzeugt, dass das von mir erfolgreich angewendete Ernährungssystem auch maßgeblich dabei helfen kann, das Entstehen von chronisch entzündlichen Darmerkrankungen (CED) wie

Morbus Crohn oder *Colitis Ulcerosa* zu verhindern bzw. die daraus resultierenden Beschwerden zu lindern und Symptome erträglicher zu machen. Beinahe wäre ich selbst daran erkrankt, hätte ich nicht rechtzeitig diese *Notbremse* gezogen.

Insgesamt sind mittlerweile Allergien im Allgemeinen und Nahrungsmittelunverträglichkeiten wie z. B. *Laktoseintoleranz* im Besonderen weitreichend bekannt, aber was es speziell mit dem Unterschied zwischen Allergie und Unverträglichkeit auf sich hat oder dem Umstand, dass eine generelle Unverträglichkeit von Milchprodukten (die auch Schaf-, Ziegen- und weitere Milchprodukte einschließt) sich weder durch den Verzehr ausschließlich laktosefreier Milchprodukte lösen lässt noch durch den Austausch von Kuhmilchprodukten durch die anderer Tierarten, das zählt schon eher zu einer Art Geheimwissen für Eingeweihte. Weil dies aber für viele Betroffene essenziell ist, ist es mir wichtig, darüber zu informieren.

Auch die Diagnose *Reizdarm* ist zu wenig bekannt. Außerdem bagatellisieren viele Betroffene das lieber und behalten es für sich, weil die Auswirkungen nun mal sehr unschön und nach wie vor wenig gesellschaftsfähig sind, auch wenn der Darm und das mikrobielle Leben darin in letzte Zeit immer mehr in den allgemeinen Fokus rücken. Wer unter Reizdarm zu leiden hat, zieht sich eher zurück und erträgt sein Schicksal tapfer. Jeder denkt, er wäre damit allein. Wie viele Betroffene es tatsächlich gibt, ist kaum bekannt. Ich denke, es sind sehr viele und es werden immer mehr.

Ich hoffe, dass meine Erfahrungen vielen anderen helfen werden, dass Denkanstöße entstehen und sich auch insgesamt neue Perspektiven ergeben. In diesem Sinne wünsche ich eine interessante Lektüre!

Angela Helmberger

MEIN WEG – Symptome und Behandlung, Probleme und Lösungsansätze

Wie alles begann

Heute weiß ich, dass meine Gesundheitsprobleme schon Anfang der 90er-Jahre, da war ich Mitte 20, langsam und schleichend begannen. Ich weiß auch, dass ich höchstwahrscheinlich schon als Kind Probleme mit dem Milchkonsum bzw. mit diversen Unverträglichkeiten oder einem empfindlichen Darm gehabt haben muss. Insbesondere auf den Frühstückskakao, der mir in bester Absicht aus guter naturbelassener Vorzugs- bzw. Rohmilch (aus artgerechter, Demeter-zertifizierter Erzeugung) zubereitet worden war, habe ich mit Kopfschmerzen, Völlegefühl, einem pelzigem Gefühl im Mund, Übelkeit und Mattigkeit reagiert. Allerdings war zu der Zeit nichts dergleichen allgemein bekannt. Mir als Kind waren die Symptome nicht bewusst – woher soll man denn als Kind wissen, was normal ist und was nicht? Wenn man es nicht anders kennt und keine gravierenden Probleme auftreten, fällt einem so etwas ohnehin nicht auf, weder dem Kind noch den Erwachsenen. Das war damals einfach so.

Mit Ende Zwanzig bemerkte ich zunehmend Beschwerden und Symptome:

- Kopfschmerzen
- Müdigkeit nach dem Essen
- Heißhunger auf bestimmte Produkte
- beim Essen schlingen großer Mengen

Mir wurde bewusst, dass ich nicht mehr so leistungsfähig war, nachmittags oft sehr müde und antriebslos, außerdem hatte ich öfter Bauchschmerzen und ständig Blähungen sowie teils starken Haarausfall und dünner werdendes Haar. Schon über zehn Jahre litt ich unter starker Kälteempfindlichkeit (auch und gerade in geheizten Räumen) und mein Gewicht bewegte sich immer an der unteren Grenze (ich nahm nicht zu, was und wieviel ich auch gegessen habe, und das waren zu der Zeit teils riesige Mengen).

Schon seit vielen Jahren ernährte ich mich vegetarisch mit wenigen Milchprodukten oder Eiern. Ich hatte jedoch z. B. immer Heißhunger auf Käse, wobei dann das oben beschriebene Essverhalten auftrat. Dazu kam, dass ich, gemäß meiner Vorlieben, einen richtigen Heißhunger auf bestimmte Speisen entwickelt habe, sodass ich diese somit immer häufiger aß. So hat sich mein Speiseplan immer mehr eingeschränkt und wurde immer einseitiger. Das waren bei mir z. B.:

- Bauernsalat mit Feta oder Mozzarella, Oliven und Gemüse, den ich im Sommer fast jeden Tag Mittags gegessen habe, teils mit größeren Mengen Zuchtpilzen, rohen Champignons oder gebratenen Austernpilze,
- sehr häufig Nudeln oder Pizza,
- nachmittags aß ich oft mehr als eine Packung ganz bestimmter Kekse mit Schokolade oder
- in der Früh immer dieselbe Brotsorte, reines Dinkelbrot mit Butter und *Vitam-R* (eine vegetarische salzige Hefepaste, mehr dazu weiter hinten).

Worauf die Probleme zurückgeführt wurden

Durch meine vegetarische Ernährungsweise (mit Eiern, Milchprodukten und ab und zu Fisch, also fast alles außer Fleisch – heute nennt man das eher *flexitarisch*) wurde ärztlicherseits als Ursache meiner Probleme gern Eisenmangel vermutet. Tatsächlich ließ sich das diagnostisch immer belegen (es ergab auch Sinn, die Symptome *Müdigkeit, Haarausfall* und *Frieren* passten und durch die Spirale hatte ich immer sehr lange, starke und häufige Monatsblutungen). Die Eisensubstitution brachte auch immer eine gewisse Besserung. Zu der Zeit nahm ich *Ferrosanol Duodenal*, apothekenpflichtige Eisen-Dragees ein, mehrmals im Jahr über einige Monate lang. Erst später entdeckte ich *Tardyferon-Dragees* als Alternative, die ich persönlich viel besser vertrage.

Zwischen den Substitutionsphasen bemühe ich mich immer, hin und wieder eine Dosis *Floradix Kräuterblutsaft* einzunehmen, der viel weniger konzentriert, aber für mich ebenfalls sehr gut verträglich war. Ich glaube, dass das Eisen in der dort vorliegenden Form in Verbindung mit all den Vitalstoffen aus Kräuter- und Fruchtsaftextrakten leichter absorbiert werden kann. Zu beachten ist jedoch: Die Kräuterblutdragees dieses Herstellers enthalten Laktose!

Interessanterweise erfuhr ich erst kürzlich, dass z. B. der Eisenmangel schon damals ein Hinweis auf latente Entzündungen gewesen sein könnte. Wahrscheinlich ist, dass schon zu der Zeit häufige oder dauerhafte Entzündungen der Darmschleimhaut, also eine Reizdarmsymptomatik, bei mir vorlagen. Weil ich aber keine solchen spezifischen Beschwerden hatte, vielleicht auch, weil man als junger Mensch in der Lage ist, sehr vieles zu kompensieren, wurden diese nicht bemerkt und so wurden keine Versuche einer Diagnostizierung unternommen. – Womit wir beim Thema unserer üblichen Behandlungspraxis bzw. des Gesundheitssystems wären.

Ende der 1980er-Jahre war ich an einer *Epstein-Barr-Infektion* erkrankt, auch *Pfeiffersches Drüsenfieber* genannt – es wurde erst ca. 1-2 Jahre nach der Erkrankung festgestellt. Ich hatte es für einen heftigen grippalen Infekt gehalten und das Ganze, ohne ärztliche Unterstützung, völlig unterschätzt. Allerdings war dies bis dahin die schwerste Krankheit, die ich je mitgemacht hatte. Diese Infektion hat mich sehr stark geschwächt, darüber einigermaßen hinwegzukommen, dauerte mehrere Jahre.

Zu dieser Zeit, als ich verschiedene Ärzte auf der Suche nach einer Lösung dieser Probleme aufsuchte, diagnostizierte ein naturheilkundlich arbeitender Arzt eine Wanderniere bei mir. Dadurch, dass die Niere nicht fixiert sei, sondern am Harnleiter frei im Körper baumle, könne die Hormonausschüttung gestaut oder behindert werden. Dies beträfe die Katecholamine (z. B. Adrenalin etc.) – Hormone, die u. a. auch für das Aktivitätsverhalten verantwortlich seien. Außerdem sei gemäß der asiatischen und naturheilkundlichen Auffassung die Niere für den Antrieb und die Lebensenergie zuständig. Also entschloss ich mich dazu, diese operativ fixieren zu lassen.

Dies alles zusammen waren genug gute Gründe, um zu erklären, warum ich zu dieser Zeit nicht besonders leistungsfähig war. Obwohl ich nicht ganz zufrieden war, mit den jeweiligen Ergebnissen der Therapien, suchte ich nicht weiter und fand mich mit meiner Situation ab, mit Rechtfertigungen wie *man ist halt keine 20 mehr* (sondern geht langsam auf die 30 zu – haha), *man wird eben älter ...* mit 26?

Die Neurodermitis meiner Tochter; erste Erfahrungen mit Allergie; Auslass- und Rotationsdiät

1992 kam meine Tochter zur Welt. Sie war unser zweites Kind. Während der Schwangerschaft war es mir rundherum einfach blendend gegangen (die erste Schwangerschaft war mir schon deshalb viel schwerer gefallen, weil ich gleich zu Anfang eine Symphysenerweichung hatte, also die Knorpelverbindung der Schambeinfuge wurde weich; das war äußerst schmerzhaft, sodass ich zeitweise kaum noch gehen konnte). Diesmal aber war ich topfit, fühlte mich so gut wie lange nicht mehr und um zehn Jahre jünger.

Unser fünf Jahre älterer Sohn war kerngesund und auch unsere Kleine strotzte nach einer traumhaft schnellen und unkomplizierten Geburt mit einem Gewicht von ca. 3.600 g nur so vor Gesundheit.

Leider änderte sich das noch in der Stillphase im Alter von ca. drei Monaten. Sie bekam Ekzeme an den Außenseiten der Oberarme, den Lenden und den Außenseiten der Unterschenkel, außerdem häufig Ekzeme im Gesicht, die sich durch Schmierinfektion weiter ausbreiteten.

Dazu litt sie häufig unter Koliken, die auch den Nachtschlaf nicht verschonten. Das Schlimmste aber waren die häufigen und sehr schmerzhaften Hautentzündungen, besonders an den Lippenrändern. Morgens nach dem Schlafen waren die Stellen zugewachsen und verschorft, um beim ersten Öffnen des Mundes (Sprechen, Lachen, Trinken, Essen) wieder aufzuplatzen. Darunter musste sie sehr leiden und wir natürlich mit ihr.

Zusätzlich führte dieses Aussehen mit Ekzemen im Gesicht und dem entzündeten verschorften Mund zu Reaktionen der Umgebung, die von mitleidig bis angeekelt (»Ist das nicht ansteckend?«) reichten und auf jeden Fall immer die Aufmerksamkeit unerwünscht in eine Richtung lenkten, was z. B. ein unvoreingenommenes Kennenlernen völlig unmöglich machte. Immer steuerten die Gespräche sofort auf Gesundheit, Haut, Diät, Allergien … mal ängstlich, mal eher abwertend, mal interessiert, oft auch besserwisserisch. Immer bekam man viele Tipps und gut gemeinte Ratschläge, als ob man als Betroffener völlig ahnungslos wäre, dabei hatten wir alles zu dem Thema recherchiert, was es nur gab. Es war unschön und beeinträchtigte die sozialen Interaktionen sowie unser Sozialleben als Familie sehr.

In dieser Zeit kamen wir zu unserer Allgemeinärztin Frau Dr. Lippert in Wörthsee, die unsere Tochter (und bald uns alle, wann immer nötig) mittels klassischer Homöopathie und Ohrakkupunktur behandelte (bei Kleinkindern teils mit Laserakupunktur). Die Besonderheit ihrer Behandlungsweise war, dass sie die zu behandelnden Akupunkturpunkte und homöopathischen Mittel sowie auch deren Potenzen mittels Pulsschlag austestet.

Wir probierten mittels Auslassdiät (das bedeutet, die als unverträglich vermuteten Substanzen und allgemein als allergieauslösend bekannten Produkte wegzulassen) eine Besserung der Beschwerden zu erreichen. Das war eine richtige Sisyphosarbeit, die leider ohne Erfolg blieb.

Auch der überaus vorsichtige Versuch Milch einzuschleichen war nicht erfolgreich. Dabei beginnt man mit der homöopathischen Dosierung von einem Tropfen Milch auf einen Liter Wasser und steigert die Dosis dann täglich aber sehr langsam.

Da empfahl uns Frau Dr. Lippert, Ihre Kollegin Frau Dr. Flade aufzusuchen.

Therapie Dr. Flade:

- **Bioresonanztest einzelner Lebensmittel**
- **Vermeiden aller nicht vertragenen Lebensmittel**
- **Rotationsschema – Empfehlung der Jutta-Poschet-Immundiät**

Frau Dr. Flade hatte in ihrer Praxis – damals noch in Rottach-Weissach am Tegernsee – alle Lebensmittel mit Kinesiologie/Muskeltest ausgetestet. Wir bekamen einen Plan aller Produkte, die unsere Tochter nicht vertrug. Hierbei handelte es sich um *die üblichen Verdächtigen*: Lebensmittel, die generell ein hohes Allergiepotenzial aufweisen und in solchen Fällen grundsätzlich eine Zeit lang vollständig gemieden werden sollten, bevor sie dann sehr achtsam schrittweise wieder in den Speiseplan aufgenommen werden. Auf keinen Fall dürfen empfindliche Personen diese Lebensmittel täglich zu sich nehmen!

Das sind neben

- Milch und sämtlichen Milchprodukten aller Tiere vor allem
- Eier
- Fisch
- Schweinefleisch
- Getreide
- Zitrusfrüchte
- Paprika
- Tomaten
- Karotten
- Fenchel

- Hefe
- Zucker
- Knoblauch
- Zwiebeln
- praktisch alle Gewürze
- die meisten Obstsorten
- sämtliche Konservierungsstoffe
- Säuerungsmittel
- Lebensmittelfarben
- künstlichen Aromastoffe
- Geschmacksverstärker
- Füllstoffe
- Bindemittel

Also so ziemlich alles, womit die Lebensmittelindustrie arbeitet, siehe auch Kapitel *ROTATIONSDIÄT*. Damit war eine herkömmliche Ernährung nicht mehr möglich.

Auch ich ließ mich testen wegen meiner Beschwerden und meines Verdachts, dass das bei unserer Tochter nicht von alleine käme. Auch bei mir wurden verschiedene Unverträglichkeiten diagnostiziert. Allerdings ging es mir zu dieser Zeit ziemlich gut, auch war mir durch einen Neurodermitisfall in der Verwandtschaft längst klar geworden, dass hier ein gewisses Gefahrenpotenzial lauerte. So hatte ich schon während der Schwangerschaft und auch in der Stillzeit meinen Konsum von Milch und Milchprodukten sehr stark eingeschränkt und auch sonst auf eine allergenarme Ernährung geachtet – in dem Rahmen, der damals empfohlen wurde – inklusive größtmöglicher Hygiene, Staubvermeidung und weitgehendes Vermeiden von Kontakten mit Tieren, Ställen, Heu, auch tierischen Produkten wie Wolle usw. Damit war leider auch von vornherein klar, dass es bis auf Weiteres keine Haustiere geben durfte. So machte ich die Diät unseres Kindes mehr aus Solidarität und Interesse sowie aus pädagogischen Gründen mit als aus Überzeugung.

Außerdem hatte Frau Dr. Flade bei uns beiden einen Pilzbefall der Darmschleimhaut diagnostiziert (*Darmmykose*). Die Mykose-Therapie beinhaltete neben Antimykotika auch einen strengen Verzicht auf alle süßen und kohlehydrathaltigen Speisen, damit die Pilze durch das Fehlen jeglicher Zuckerarten quasi ausgehungert würden. Das bedeutete mindestens vier Wochen lang Verzicht auf

- Zucker
- sämtlicher Obstsorten und besonders auf Trockenfrüchte (auch weil diese an der Oberfläche mit Pilzen befallen sein können)
- alle anderen Süßungsmittel einschließlich Honig sowie
- alle Getreideprodukte

Also auf sämtliche Nahrungsmittel, die im Stoffwechsel Zucker bilden. Die einzige erlaubte Süßungsmöglichkeit war ein auf Aspartam basierendes Süßstoffprodukt. *Stevia* war damals noch nicht bekannt.

Es war sehr schwierig und ich erinnere mich kaum, wovon wir in dieser Zeit gelebt haben – zum Großteil von

- Amaranth (z. B. mit Zucchini)
- Buchweizen (auch Buchweizenbratlingen, z. B. mit Salat)
- Hirse (z. B. als sortenreines Brot, Bratlingen, mit Salat, Guacamole, Mais usw.)
- Quinoa mit Hülsenfrüchten
- Saaten (wie Pinien- Sesam- und Sonnenblumenkerne oder Walnüssen)
- Ziegenkäse
- Sauerrahmbutter.

Das waren auch die Anfänge meiner heutigen Rotationsdiät und die Zusammenstellung orientierte sich schon zum Teil an den Pflanzenfamilien. Diese Mykosesanierungen waren, ebenso wie die Darmspülung (Colonspülung), in den frühen 1990ern in manchen naturheilkundlich orientierten Kreisen ein Trend und wurden schon fast als Allheilmittel für alle Probleme wie Übergewicht, Depression, Gelenkschmerzen, Migräne sowie als Baustein für Anti-Aging und langes Leben betrachtet.

Nach allem, was ich heute weiß denke ich, dass ein gesundes und ausgewogenes Mikrobiom – das man bis dato ein bisschen irreführend als *Darmflora* bezeichnet hat (handelt es sich doch viel mehr um ein ganzes Volk aus einer Vielzahl von Kleinstlebewesen als um Pflanzen) – auch einen übermäßigen Pilzbefall verhindern kann. Das bedeutet dann im Umkehrschluss bei erhöhten Pilzwerten irgendwelche Darmprobleme. Und außerdem sollte **immer** darauf geachtet werden, das Mikrobiom auf schonende Weise zu unterstützen bzw. zu verbessern und zu *sanieren*. Dies wurde z. B. mit *Omniflorakapseln* versucht, die verschiedene Milchsäurebakterienstämme enthalten, wie sie auch im Darm vorkommen. Dies wurde vielfach beschrieben, z. B. in *Darm mit Charme* von Giulia Enders.

Der beste Weg ist, selbst auszuprobieren, mit welchen Produkten und mit welchem Vorgehen man in solchen Fällen am besten zurechtkommt. Auch therapeutische Unterstützung in Form einer Laboranalyse der Darmbewohner, bei der dann festgestellt wird, welche Arten zu wenig vertreten sind und wie die Zusammensetzung insgesamt aussieht, kann hier sehr hilfreich sein, um eine gezielte Unterstützung zu geben. Jeder von uns verfügt diesbezüglich über eine sehr individuelle Mikrobevölkerung und wir stehen mit unserem Wissen zu diesem Thema auch heute noch ziemlich am Anfang.

Nach Einführung der *Auslass- und Rotationsdiät* und nach der *Mykosesanierung* besserten sich bei meiner Tochter die Probleme zunehmend, aber erst nach ca. drei Jahren sehr vorsichtiger Auswahl ihrer Nahrungsmittel war sie so weit, dass sie fast wieder normal essen konnte und kaum noch Beschwerden und Symptome zeigte.

Bis zum Alter von ca. fünf Jahren bekam sie eine milchfreie Ersatzmilchsubstanz, *Milupa Pregomin AS*. Das war ein Pulver in 400-Gramm-Konserven, eine bilanzierte Diät (hypoallergene kuhmilch- und sojafreie Spezialnahrung für Säuglinge mit Neurodermitis bzw. Kuhmilchallergie). Damals war es nur über die Apotheke zu beziehen, denn der Onlinehandel war noch so gut wie nicht existent. Mit damals ca. 55,- DM pro Dose (heute um die 30,- €) war es eher teuer und wurde nur teilweise und nach immer wieder neuer Korrespondenz und zähen Verhandlungen von der Krankenkasse bezuschusst. Der Verbrauch lag bei einer Dose pro Woche.

Unser Kind trank aber diesen Milchersatz sehr gerne aus der Nuckelflasche. Erst als sie schon eingeschult war, konnten wir sie davon überzeugen, dass der Osterhase die Nuckelflaschen mitgenommen hätte. Ohne Nuckelflasche schmeckte das Zeug dann aber offenbar nicht mehr so gut.

Versuche, dieses Pulver ersatzweise anstelle von Milch zur Zubereitung verschiedener Gerichte und Backwaren zu verwenden, waren wenig erfolgreich, auch weil das Produkt nicht hitzestabil ist, sodass wir diesbezüglich vorsichtig und schrittweise auf Alternativen wie Soja- oder Mandeldrink etc. zurückgriffen.

Was stark verarbeitete Produkte und Milchkonsum betraf, blieben wir allerdings weiterhin vorsichtig.

Geblieben ist unserer Tochter bis heute generell eine große Abneigung gegen jede Diät, was ja nicht grundsätzlich negativ sein muss. Die ganze Ernährungsmisere hatte auch ihre positiven Seiten, z. B. bewährte sich die gesteigerte Sensibilität bezüglich der Nahrungsauswahl und das für ihr Alter doch sehr fundierte Ernährungswissen, als sich bei ihr im Grundschulalter eine gewisse Neigung zu Übergewicht bemerkbar machte. Es gelang uns auf diese Weise erfolgreich, zu verhindern, dass sie übermäßig zunahm.

Als weitere Spätschäden und Traumata sind allerdings u. a. teils äußerst heftige Abneigungen gegen manche Lebensmittel und Speisen geblieben, z. B. gegen Buchweizen. Weil dieser quasi zwangsweise über längere Zeit regelmäßig auf dem Speiseplan stand, hat sie eine solche Aversion dagegen entwickelt, dass ihr auch noch heute fast übel wird, wenn sie ihn nur riecht. Damals gab es in der Phase der Getreidevermeidung kaum Alternativen, heute hingegen kann man damit leben, Buchweizen kommt hierzulande im Alltag nur selten vor.

Auch andere Betroffene haben uns schon von solchen Erfahrungen berichtet, aber das halte ich nicht für tragisch, kennen wir doch alle irgendwelche Speisen und Gerichte, die wir seit der Kindheit verabscheuen. Ich denke eher, dass es sinnvoll ist, sehr genau auf Abneigungen und Vorlieben von Kindern zu achten. Sowohl hinter Verweigerung als auch hinter Heißhunger könnten z. B. Unverträglichkeiten stecken.

Bei der Auswahl, die es gibt, findet eigentlich jedes Kind genügend zu essen, sodass es mir überflüssig vorkommt, Kinder zum Essen von etwas Bestimmten zu nötigen. Das trifft genauso auf die Mengen zu. Nicht zu ersetzen finde ich allerdings schon im Kindesalter das Angebot einer großen Vielfalt, was Geschmack, Aromen und einfach die unterschiedlichsten Produkte betrifft. Wenn wir schon als Kinder lernen, vieles zu probieren, sind wir auch als Erwachsene viel aufgeschlossener. Das verringert automatisch das Risiko von einseitiger Ernährung.

Probleme hatten wir allerdings auch mit dem sozialen Stigma, das wir sehr stark spürten. Wir lebten damals auf dem Land in einem sehr kleinen Ort. Dadurch, dass solche Beschwerden noch nicht allgemein bekannt und noch nicht sehr verbreitet waren, waren Achtsamkeit, Toleranz und Solidarität relativ gering. Man bekam Widerstände und Vorbehalte zu spüren, was die soziale Integration nicht gerade einfacher machte. Vorwürfe wie *hysterisch* oder *überbehütend* (*hyperprotektiv*) wurden zwar so nie direkt verbalisiert, es war aber klar, dass viele so über uns dachten oder hinter unserem Rücken sprachen, sodass unser Sozialleben sehr beeinträchtigt und schwierig bis fast nicht vorhanden war. Dies kennen sehr viele Eltern, deren Kinder was auch immer für Probleme haben, die eine besondere Behandlung nötig machen.

Die erste Krise: perforierte Appendizitis

Angefangen hatte alles an einem Freitagnachmittag im Oktober 2003: Plötzlich spürte ich ein heftiges Brennen im Oberbauch und die gesamte Speiseröhre bis zum Kehlkopf hinauf, sehr akut und gefolgt von einer gewissen Übelkeit. Ich führte zu Ende, was ich gerade tat (irgendetwas mit Wäscheaufhängen) und legte mich auf der Wohnzimmercouch hin. Es kamen starke Koliken im linken Oberbauch hinzu.

Ich dachte mir überhaupt nichts dabei und machte mir keinerlei Sorgen. Koliken waren zu der Zeit für mich zur Gewohnheit geworden. Seit Jahren schon hatte ich öfter heftige Bauchkrämpfe, fast immer erst nachmittags. Diese Unpässlichkeiten beeinträchtigten meine Berufstätigkeit, auch wenn mir diese eine freie Zeiteinteilung erlaubte. Meine Tätigkeit außer Haus fand ohnehin meist vormittags statt. Nachmittags leitete ich im eigenen Büro zu Hause unsere eigene Firma mit Onlineshop für personalisierte Bücher und CDs, Geschenke und Bastelmaterial im Versandhandel.

Diesmal aber verschwanden die Schmerzen nicht wie gewohnt nach einigen Stunden Darmpassage mit heftigen Blähungen bzw. einem oder mehreren mehr oder weniger *ergiebigen* und viskosen Stuhlgängen mit wenig bis starker oder fast ausschließlicher Luftbeimengung – so wie es im Zusammenhang mit dem *Reizdarmsyndrom* beschrieben wird. Stattdessen steigerten sich die Schmerzen bis fast ins Unerträgliche. Noch immer dachte ich, es würde schon wieder vergehen. So war es bis jetzt doch immer.

Bis abends hatten sich die Schmerzen auf den gesamten Bauchraum ausgebreitet. Ein Telefonat mit Frau Dr. Lippert, deren Praxis sich auswärts befand – wir lebten seit einiger Zeit wieder in der Stadt – die aber telefonisch immer ihren Patienten zur Verfügung stand, brachte den Ratschlag, ich solle aufpassen, wenn sich die Bauchdecke verhärtet (sog. *Abwehrspannung*, eine Reaktion auf entzündliche Prozesse im Abdomen).

Ich verbrachte eine qualvolle Nacht. Da ich in der Vergangenheit die Erfahrung gemacht hatte, dass solche Koliken in Bauchlage besser auszuhalten sind, schief ich auf dem Bauch.

Am nächsten Tag hatte ich kaum noch Schmerzen. Allerdings war ich extrem schwach und wackelig auf den Beinen. Bewegung war nur sehr eingeschränkt möglich und die Bauchdecke schien hart und reagierte extrem berührungsempfindlich. Deshalb nahm ich noch ein kurzes Bad und suchte dann doch zur Abklärung die Klinik auf. Die kurze Untersuchung in der Notaufnahme war für mich äußerst unangenehm, da ich bei der leisesten Berührung der Haut auf dem Bauch schon starke Schmerzen spürte und die Rückenlage auf dieser schmalen harten Notfallliege sehr unangenehm fand. Daraufhin wurde ich in höchster Eile zur *laparoskopischen Abklärung* stationär aufgenommen und keine halbe Stunde später war ich im OP.

Die Diagnose nach der OP war *Blinddarmentzündung mit Durchbruch* (*perforierte Appendizitis* und *Appendixresektion*) und führte zur Entfernung des Blinddarms. Später erfuhr ich, dass ich nur dank eines neuen Antibiotikums, das erst seit kurzer Zeit auf dem Markt war, überlebt hatte. Noch kurze Zeit vorher hätte das mein Tod sein können. Die im Blinddarm bei der Entzündung und durch das absterbende Gewebe entstandenen Abbauprodukte gelangten mitsamt dem Darminhalt in den Bauchraum, was dort weitere Entzündungen nach sich zog und zu einer Blutvergiftung führte, wovon man sich kaum erholen kann.

Zu den körperlichen Symptomen kamen dann auch psychosoziale Probleme. Mir war plötzlich sehr bewusst geworden, wie schnell man doch sterben kann. Das ist ein komischer Gedanke, der mich noch Jahre später oft beschäftigt hat.

Doch auch bei der ersten Entbindung wäre ich ohne Hilfe der Hebamme und des Arztes ziemlich sicher gestorben – eine erfahrene Hebamme hätte mich aber wahrscheinlich auch in der Steinzeit noch retten können.

Wegen der weit fortgeschrittenen Infektion (Perforation des Darmes über 24 Stunden vor der OP) wurden Antibiotika in hohen Dosierungen verabreicht. Davor hatte ich noch so gut wie nie Antibiotika eingenommen, sodass keine Resistenzen hätten vorausgesetzt werden können. Schon mein ganzes Leben lang war ich ausschließlich homöopathisch und naturheilkundlich betreut worden. Die Heilung ging zügig voran, es gab keine Probleme und eine Sepsis hatte glücklicherweise verhindert werden können.

Therapieversuche ohne zufriedenstellenden Erfolg

Trotzdem hatte ich nach der Blinddarm-OP dauerhaft unter starken Gesundheitsproblemen zu leiden:
- Müdigkeit
- Essen lag wie ein Stein im Magen
- Kopf- und Gelenkschmerzen
- Antriebslosigkeit
- Leistungsschwäche
- Verdauungsprobleme
- kein geformter Stuhlgang mehr

Jeder, der schon einen heftigeren Fließschnupfen mit roter entzündeter Nase hatte, kann sich sicher vorstellen, welche Auswirkungen sich mit dem Durchfall auf die empfindliche Haut am Anus ergeben: Sie war ständig entzündet, wund und blutete oft, was recht schmerzhaft war. Ohne feuchtes Toilettenpapier hätte ich das nicht überlebt. Das ist seither mein wichtigstes Utensil für unterwegs: Ohne meine feuchten Tücher gehe ich nirgendwo hin, sind sie doch auch für andere Situationen sehr praktisch.
Die Erholung ging langsam. Immer wieder wurde mir gesagt, dass die Erkrankung ja auch ernst genug gewesen sei. Hinzu kam, dass ich eher zu den Leuten gehöre, die keine Ruhe geben und zu früh wieder anfangen möchten zu arbeiten. Ich war einfach ungeduldig.

Diagnostiziert wurden:

- schwere Beeinträchtigung nach der OP und
- weitgehende Zerstörung des Mikobioms, also all der Kleinstlebewesen, die die Darmschleimhaut besiedeln und hier ganz allgemein für die Verstoffwechselung der Nahrung sorgen.

Wir probierten alle möglichen Therapieansätze ohne Erfolg:

- klassische Homöopathie und Ohrakkupunktur, was sich bis dahin als hilfreich und wirkungsvoll in sämtlichen Lebenslagen gezeigt hatte,
- traditionelle chinesische Medizin (TCM),
- verschiedene Pflanzenheilmittel (Phytotherapie) um die Darmschleimhaut zu regenerieren, auch mit
- Milchsäurebakterienstämmen sowie
- Milchprodukten wie Joghurt und Hüttenkäse,
- Inulin (ein Stärkeprodukt, das aus Chicorée gewonnen wird und auch als Ballaststoff und insgesamt probiotisch wirkt) sowie
- sogenannte *Medikamente*, die zwar ausnahmslos in der Apotheke bezogen werden mussten und teilweise rezeptpflichtig waren, jedoch alle sehr teuer und als Nahrungsergänzungsmittel deklariert, daher nicht erstattungsfähig.

Nichts half, mein Befinden zu verbessern. Größtenteils vertrug ich die Produkte gar nicht. Beim Ausprobieren musste sehr vorsichtig und mit sehr niedriger Dosierung begonnen werden, die langsam gesteigert werden sollte, doch soweit kam ich meist gar nicht.

Frau Dr. Lippert stellte fest, dass mein Darm eine Diva sei und generell auf jeden Stress reagiere. Dies stelle ich auch heute noch immer wieder fest. Fast jeder von uns entwickelt seine individuelle Schwachstelle. Einige haben häufig Probleme mit den oberen Atemwegen bis hin zu Asthma, andere haben Kopfschmerzen bis hin zu Migräne, manche reagieren mit Herz- oder Hautproblemen oder mit Zunahme und Übergewicht – und ich eben mit Darmproblemen, wann immer eine Krise auftritt: sei es zu viel Stress mit zu wenig Ruhephasen, zu unregelmäßige oder hektische Einnahme der Mahlzeiten oder ein Infekt. – Man nennt das dann auch *Reizdarm*.

Atopischer Formenkreis, familiäre Disposition

Später stellte ich dann außerdem fest, dass ich mittlerweile doch auf Pollenflug reagierte. Im Kindesalter war ich als Jüngstes von vier Kindern immer gesund, während meine beiden Schwestern teilweise fürchterlich unter Heuschnupfen litten. Im Sommer gab es Tage und Wochen, da konnten sie überhaupt nicht rausgehen und mussten im abgedunkelten Zimmer bleiben, weil die Bindehaut und die Atemwege entzündet und geschwollen waren. Als Kind konnte ich das nicht verstehen und war teilweise auch noch ungeduldig, nervig und sogar eifersüchtig auf die Zuwendung, die sie erhielten. Mich ärgerte, dass wir nichts unternehmen konnten und ich Rücksicht nehmen sollte. Heute bereue ich das natürlich, weil ich ja jetzt viel besser nachempfinden kann, wie unangenehm und schmerzhaft das ist.
Ich bin also in einer Familie von Allergikern geboren. In unserem Fall lässt es sich nicht weiter als bis zu den Eltern zurückverfolgen. Meine Mutter litt schon sehr lange immer wieder unter Migräne, außerdem stieg bei ihr mit zunehmendem Alter der Rheumaindex. Sowohl sie als auch ihr Bruder neigen zu Krampfanfällen, was sich im Alter weiter verstärkte. Mein Vater wollte es sich zwar nie eingestehen, aber ich denke, dass auch er schon früh unter Nahrungsmittelunverträglichkeiten und Candidabesiedelung im Darm litt, außerdem häufig unter Fußpilz. Auch das kann auf eine Abwehrschwäche und eine Dysbalance im Darm hinweisen. Meine Schwestern haben außer Heuschnupfen bzw. Pollenallergie auch Asthma und später kamen noch Nahrungsmittelunverträglichkeiten und weitere Allergien, z. B. gegen Histamin dazu. In der Familie meines Mannes gibt es Psoriasis (Schuppenflechte), unsere

Neffen hatten als Kinder starke Neurodermitis. – So sind in unserer Familie die Erbanlagen des gesamten *atopischen Formenkreises* in schönster Einigkeit versammelt – was für tolle Aussichten für uns und erst recht für unsere Kinder.

Ich stellte bei mir gelegentlich Gelenkschmerzen fest und fragte mich natürlich schon, ob diese rheumatischer Natur sein konnten, noch dazu, weil auch meine Schwester mir über Gelenkschmerzen berichtete. Sie konnten aber ebenso ihre Ursache in den Nahrungsmittelunverträglichkeiten haben, die längere Zeit unbeachtet geblieben sind – nach mehreren Jahren Rotationsdiät waren die Schmerzen nahezu verschwunden.

Mein Sohn, der als Kind zwar häufig verletzt, aber ansonsten mit Ausnahme des Verdachts auf *Neutropenie*[1] (er wurde gut ein Jahr nach dem Supergau in Tschernobyl geboren) und einer Lungenentzündung im Alter von elf Jahren meist recht gesund war, litt seit einiger Zeit unter diffusen Problemen der Atemwege und der Haut. Es wurde *Hausstauballergie* diagnostiziert, aber mit jedem Jahr wird der Zusammenhang zum Beginn der Pollenflugsaison deutlicher. Zudem hat er mit Anfang 20 eine sehr starke Migräne entwickelt, genau wie kurz darauf seine Schwester.

Die Lungenentzündung konnte übrigens unter strenger Überwachung unserer Hausärztin Frau Dr. Lippert zu Hause ohne Klinikaufenthalt rein naturheilkundlich ausgeheilt werden. Wir brachten den Patienten alle zwei Tage in die Praxis, wo er mit Ohrakkupunktur behandelt wurde, ansonsten betreuten wir ihn daheim mit Inhalieren, klassisch-homöopathischer Medikamentierung und Beobachtung. Es mussten keine Antibiotika oder andere starke Pharmazeutika eingesetzt werden. Natürlich braucht jede Familie mit einem kranken Kind, das auf

---

[1] *Neutropenie* ist eine Verminderung der neutrophilen Granulozyten. Diese zählen zu den weißen Blutkörperchen – den Leukozyten, die wichtig für das Immunsystem und somit für die Infektabwehr sind. Bei unserem Sohn gab es hier sehr schwankende Werte.

diese Art behandelt wird, viel Zeit, Geduld und intensive Betreuung. Wir haben ihm z. B. viel vorgelesen. Ich bin davon überzeugt, dass es eine wertvolle und sinnvolle Investition für die zukünftige Lebensgesundheit ist, Kindern diesen Weg zu ermöglich, so weit es irgendwie geht.

Einmal hatten wir ein schlimmes Wochenende, nachdem der Kinderarzt, der unklare Blutbefunde erhalten hatte, darüber besorgt war und uns mit Verdacht auf Leukämie zur weiteren Abklärung an die Kinderklinik überwies; er hatte wohl kurz zuvor einen akuten Fall von Leukämie erleben müssen. Jeder, der ein schwer krankes Kind hat oder so einen Verdacht durchstehen musste, kennt dieses ängstliche und gespannte Warten auf die Diagnose. Bei unserem Sohn stellte sich der Verdacht zum Glück als grundlos heraus, aber bis dahin musste er ein Jahr lang jeden Monat eine Blutuntersuchung vornehmen lassen. Das wäre normalerweise kein Problem, aber er hatte schon davor eine Nadelphobie entwickelt, also eine panische Angst vor Injektionen aller Art, sodass jede Blutentnahme zu einer sehr schwierigen, belastenden und auch schweißtreibenden Angelegenheit wurde. Wir haben alle viel dabei gelernt, unser Sohn u. a. sich ein- ums andere Mal zu überwinden und über sich hinauszuwachsen, um sich der Situationen zu stellen.
Im Übrigen stellte sich jetzt heraus, dass auch das eine familiäre Disposition zu sein scheint, denn auch bei meinem Vater und mir werden eigentlich bei jeder Blutuntersuchung zu geringe Zahlen der Leukozyten festgestellt, aber ohne, dass wir unter erhöhter Infektanfälligkeit leiden würden.

Ich selbst dachte also sehr lange, ich sei verschont von diesem ganzen Allergiethema, mit dem ich ohnehin nichts zu tun haben wollte und das ich auch selbst als Schwäche und Hysterie angesehen hatte. Nun, da hatte ich meine Quittung für solch unsoziales Gedankengut. Ich stellte nämlich Zeichen fest von

- Schuppenflechte:
  - kreisrunde rote Flecken an den Knien sowie stark juckende, teils gerötete Ellenbogen früh im Jahr und in Stressphasen sowie in Phasen von gesundheitlichen Krisen
- Heuschnupfen bzw. Pollenallergie:
  - laufende Nase
  - häufiges Niesen (sehr unangenehm, da begleitet von geschwollenen Nasenschleimhäuten mit starkem Brennen und starkem, brennendem Juckreiz im Nasen-Rachenraum)
  - gerötete Lidränder, juckende, gerötete Bindehaut, verklebte Lider
  - Kopfschmerzen
  - juckende Gehörgänge wegen trockener Haut mit Schuppenbildung (dies führte zu vermehrter Produktion von Ohrenschmalz, sodass ich öfter zum Ohrenarzt musste, weil die Ohren verstopft waren und ich nichts mehr hören konnte; dieser sagte dann, die Haut im Gehörgang sei sehr trocken und von einer schuppigen Hautschicht bedeckt, sodass sich darunter die Salze aus dem Schweiß sammelten, der nicht verdunsten konnte, was die Haut reizte)
- außerdem
  - Tonsillarpfropf (ein weißlicher, harter Belag an den Mandeln, der sehr stark und unangenehm riecht und sich am Zungenhintergrund und beim Schlucken sehr störend anfühlt) sowie
  - Hausstauballergie (besondere Probleme mit den oberen Atemwegen ähnlich den unter Heuschnupfen beschriebenen Symptomen mit wässrigem beißendem Nasenausfluss und Reizung mit Jucken der Rachenschleimhaut)

Später kamen noch asthmatische Beschwerden dazu.

Dann bemerkte ich auch eine erhöhte Sensibilität mit entzündungs-ähnlichen Symptomen der Darmschleimhaut. Da der Darm so groß ist und praktisch den ganzen Bauchraum ausfüllt, fühlt man sich damit sehr krank und ist außerdem ziemlich bewegungsunfähig, da einfach jede Bewegung schmerzt.

Auch hier ist für mich der Zusammenhang bzw. die Verbindung zwischen Darm- und Nasenschleimhaut immer deutlich zu spüren – gemäß der asiatischen Auffassung des ganzheitlichen Therapieansatzes wird eine direkte Verbindung der Meridiane von der Darmschleimhaut zur Nasenschleimhaut beschrieben. Eine Pollenallergie oder Heuschnupfen konnte jedoch bei mir mit den zur Verfügung stehenden Methoden bis dahin nie nachgewiesen werden, mit Ausnahme der Kinesiologie.

Diagnose Lebensmittelunverträglichkeit (LUV), Rotationsdiät

So ging das bis im Januar 2007, als Frau Dr. Lippert mir einen *IgG-4-Test* (mehr dazu unten) vorschlug. Dieser brachte die Diagnose *Laktoseintoleranz* (LI), generelle *Milchunverträglichkeit* (Kuh-, Ziege-, Schafsmilch) sowie Unverträglichkeit (UV) diverser Lebensmittel, u. a. aller Getreide (Weizen, Roggen, Hafer, Gerste, Dinkel, Kamut).

Ich stellte daraufhin meine gesamte Ernährung um auf strenge Rotationsdiät unter Auslassung aller nicht vertragenen Lebensmittel.

Am Konzept von Jutta Poschet hatten wir uns schon 1993 anhand eines ihrer früher erschienenen Bücher (das jetzt vergriffen ist) orientiert, um das Rotationsschema und den Diätplan für unsere Tochter zu erstellen.

Zunächst musste ich mir wieder angewöhnen, alles gründlich zu analysieren, was ich essen wollte. So habe ich also alle Produkte und Gerichte genau zerpflückt und mich darüber informiert, was für Bestandteile darin enthalten waren. Schon bald war für mich als einzig sinnvolle Strategie klar, innerhalb dieser vier Tagespläne meinen individuellen Ernährungsplan zu entwerfen: für jeden Tag Gerichte aus den Tagesprodukten, die ich gern essen wollte. Das halte ich seit Ende Januar 2007 ein.

Nach einem Jahr durften Getreide wieder gegessen werden – wahrscheinlich kann sich fast niemand, der gesund ist und noch nie eine Diät einhalten musste, überhaupt vorstellen, was das für mich bedeutete: Endlich konnte ich wieder Brot essen, besonders mein geliebtes *Pfister-Dinkel-Grünkern-Brot* hatte ich unendlich vermisst, auch Nudeln oder Pizza aus Weiß-Weizenmehl.

Den Konsum von Produkten aus Weißmehl schränke ich dauerhaft stark ein, schon weil ich es für unsinnig halte, genau die Variante mit den allerwenigsten Vitalstoffen und den allermeisten Nachteilen auszuwählen; Weizen hat das größte Allergiepotenzial unter den Getreidesorten, die geringste Nährstoffdichte und die schlechteste Bioverfügbarkeit. Man kann sich nur darüber wundern, warum das um alle wertvollen Inhaltsstoffe beraubte Weißmehl (und z. B. auch weißer Reis, der ebenfalls von den gehaltvollen Randschichten befreit wurde) auf der Welt am allermeisten verzehrt werden.

Aber manchmal muss es einfach sein. Manches schmeckt mir einfach zu gut, z. B.: Spaghetti mit Oliven, Lauchzwiebeln, gebratenen Zucchini, Schnittlauch und gerösteten Pinienkernen ... da kommen Vollkorn, Dinkel-, Hirse- oder japanische Buchweizennudeln einfach nicht mit. Auch Pizza schmeckt mit Vollkornmehl nicht wie Pizza, es ist dann eher eine Vollwertquiche – die kann auch sehr gut sein, aber jedenfalls etwas komplett anderes als die Pizza, die man sich normalerweise vorstellt.

Zuhause funktionierte das im Alltag nach einiger Zeit alles ganz reibungslos, mittlerweile hatte ich Routine. Besonders in der ersten Zeit, als die Umstellung noch schwierig war und die Beurteilung, was ich essen konnte, noch Nerven kostete, hat mich die *Spezialbäckerei Bulla* gerettet: Herr Bulla stellt seit Beginn der 1990er-Jahre mit großem

Fachwissen sortenreine Brote und sonstige Backwaren her. Er hat Verfahren entwickelt, mittels derer er reines Roggen- und sogar Hafer-, Gersten-, Mais-, Quinoa- und Hirsebrot backen kann. Hierfür setzt er den Sauerteig mit dem entsprechenden Getreide an, d. h. diese Brote enthalten wirklich nicht die kleinste Spur von Weizen oder anderen Getreidesorten. Außerdem kann er auch sortenreine Plätzchen und Vollkornnudeln anbieten. Abgerundet wird sein Sortiment durch sortenreinen Essig (Kirsch- und Feigenessig – dies hat mir ermöglicht, für jeden der vier Tage ein Spezial-Salatdressing zu mixen, ohne jedes Mal Weinessig bzw. Essigessenz verwenden zu müssen) sowie Suppenmischungen und Bratlingsmischungen. Besonders die Buchweizenbratlinge sind köstlich; ich rühre sie immer sehr dünnflüssig an und lasse sie etwas quellen, dann werden sie ganz dünn und knusprig gebraten. Bei uns liebt sie jeder (mit Ausnahme meiner Tochter, siehe oben).

Das war für mich auch emotional die Rettung aus dem tristen strengen Diätalltag, weil ich so einfach mehr Alternativen bekam.

Die zweite Krise: Iliozoekalresektion nach Gastroenteritis mit Bridenilius

Einige Monate nach der Umstellung erlebte ich wieder eine sehr drastische Krise. Wieder war es ein Freitagnachmittag, Anfang Februar 2008.

Schon vormittags bekam ich starke Magenschmerzen. Ich war auswärts im Büro und versuchte zunächst, mich hinzulegen und zu entspannen. Als das nicht half, quälte ich mich im Auto mit meinen beiden Hunden die 28 Kilometer bis nach Hause. An diese Fahrt erinnere ich mich auch heute noch mit Grausen, es war eine Qual. Aber ich wusste schließlich nicht, wie ernst es war, ich dachte mir einfach (mal wieder), ich hätte etwas Falsches gegessen und das würde wieder vergehen, solche Schmerzen hatte ich ja öfter mal. Der Blinddarm war schon weg, was sollte also noch groß passieren?

Ich hatte damals noch nie davon gehört, dass eine *Gastroenteritis* extrem schmerzhaft sein kann und gerne zu Fehldiagnosen führt, sodass man sich in der Klinik gerne hütete, bei unklaren Abdominalbeschwerden und nicht mehr vorhandenem Blinddarm zu schnell eine Öffnung des Bauchraums vorzunehmen. Zwar war mir bestens bekannt, dass Hunde, besonders die größeren Vertreter, leicht eine sogenannte *Magendrehung* bekommen können.[2] Mir war aber völlig unbekannt, dass Menschen das auch bekommen, so etwas hatte ich noch nie gehört. Bei uns nennt man das *Darmverschluss*. Ich dachte bislang immer, das habe mit starker Verstopfung zu tun.

Ich fuhr also unter größten Schmerzen nach Hause und legte mich auf die Couch. Es kam und kam keine Besserung. Ich konnte weder essen noch trinken, seit dem Frühstück war ich nüchtern.

Ich bat schließlich meinen Sohn, mich im Taxi in die Klinik zu bringen. Er begleitete mich und stand mir bei. In der Ambulanz der Notaufnahme mussten wir jedoch ewig warten. Ich fühlte mich sehr schwach und hatte dermaßen starke Bauchschmerzen, dass ich mich im Wartebereich auf die Sitze legen musste; nur in Seitenlage mit angezogenen Beinen schien die Situation einigermaßen erträglich.

Als ich endlich untersucht wurde, konnte nichts festgestellt werden, der Verdacht lautete eben auf *Gastroenteritis* und ich sollte mich noch in der Gynäkologie untersuchen lassen, um eine Eileiterschwangerschaft und Zysten etc. ausschließen zu können. Dabei habe ich auch gelernt, dass sich von der Art der Schmerzen her gynäkologische Beschwerden von Probleme im Verdauungstrakt so gut wie nicht differenzieren lassen. Beides kann höllisch wehtun und man kann nicht

---

[2] Hier kann es, z. B. durch zu viel Bewegung nach der Nahrungsaufnahme oder zu großer Mengen, zu einer Darmverschlingung kommen, wobei die Durchblutung einzelner Organteile abgeschnürt werden kann, was, wenn nicht schnellstens chirurgische behandelt, zu Nekrosen (Absterben von Gewebe) und zum Tod führt. Auch bei Pferden ist diese Symptomatik bei Koliken verbreitet.

nachvollziehen, woher genau es kommt, denn die Schmerzen strahlen aus. Zumindest aber bekam ich in der Notaufnahme noch ein Schmerzmittel, das etwas half.

In der Zwischenzeit hatte mein Mann unseren Sohn abgelöst, der mir eine große Hilfe, nun aber fix und fertig war. Wir fuhren dann mit dem eigenen Pkw in die gynäkologische Abteilung, die nicht weit entfernt war. Dort wusste man erst einmal nichts von unserem Kommen, obwohl die Schwester in der Notaufnahme versprochen hatte, uns anzukündigen. Dann wunderte man sich, warum wir nicht mit dem Fahrdienst hergekommen waren. Es wurde uns gesagt, dass wir aus versicherungstechnischen Gründen gar nicht hätten selbst herfahren dürfen. – Das hätte man uns vielleicht mal vorher sagen sollen.

Das Warten auf die Untersuchung war ziemlich lang und unangenehm, die Untersuchung ebenso. Die Wirkung des Schmerzmittels war ohnehin nicht sehr stark und ließ nun wieder nach. Anschließend schickte man uns unverrichteter Dinge nach Hause. Es konnte maximal ein Verdacht auf geplatzte Zysten festgestellt werden, da etwas Flüssigkeit im Bauchraum gefunden wurde.

Diese Nacht auf der Wohnzimmercouch werde ich nie mehr vergessen. Noch heute wird mir schlecht, wenn ich daran denke, und mein Magen krampft sich sofort zusammen. Es war unbeschreiblich schrecklich. In unser Hochbett schaffte ich es sowieso nicht, später musste ich erbrechen, hatte aber seit dem Morgen nichts mehr zu mir genommen, auch nichts getrunken. Ich war extrem schwach und zunehmend dehydriert, mich quälte der Durst, doch ich konnte keinen Schluck Wasser zu mir nehmen, nicht einmal im Mund behalten. Mir war furchtbar kalt und ich konnte auch nicht mehr aufstehen. Ich konnte nichts tun außer atmen. Wäre ich allein gewesen, wäre ich vermutlich einfach liegen geblieben und letztendlich gestorben. Wie damals bei der Appendizitis wurde mir alles immer egaler.

Am nächsten Morgen war mein Mann sehr besorgt und wir entschieden, den Notarzt zu rufen. Ich wusste nicht, was los war, mir war aber klar, es würde nicht von alleine wieder besser, sondern immer schlimmer und mein Zustand geriet in einen so kritischen Bereich, wie ich es noch nie erlebt hatte. Ich spürte, dass ich völlig dehydriert und geschwächt war.

Bei der Fahrt in die Klinik fühlte ich mich, als wäre ich eine Königin, denn die Sanitäter waren eine wirkliche Offenbarung, so unendlich nett, rücksichtsvoll und fürsorglich – das war wirklich eine Wohltat. Jetzt wurde ich zuversichtlicher und glaubte daran, dass alles wieder gut werden würde. Diese Erfahrung, wie sehr so ein positives Verhalten direkte Auswirkungen auf das Befinden haben kann, finde ich extrem interessant. Ich wünschte, alle Beschäftigten im Therapie- und Pflegebereich würden dies **immer** berücksichtigen – letztendlich eine Win-win-Situation, die keine Kosten verursacht.

Wieder in der Klinik wurde ich diesmal sofort untersucht. Dann bekam ich endlich ein Schmerzmittel und eine angewärmte Decke sowie eine Infusion mit Kochsalzlösung – allerdings war die mir viel zu kalt. Ich spürte, wie die kühle Flüssigkeit mir in die Adern lief und sich die Kälte über Arm und Schulter im ganzen Körper ausbreitete. Trotz voller Bekleidung inklusive dicker Jacke zitterte ich vor Kälte und meine Zähne klapperten – mir war kalt bis in die Knochen. Die Schwester schimpfte, das könne man doch gar nicht spüren, ich solle nicht so empfindlich sein – was für eine unsensible Bemerkung! Ich war zu dem Zeitpunkt aber nicht in der Verfassung, mich gegen solche Übergriffe zu Wehr zu setzen.

Dann musste ich zum CT – davor einen Liter Kontrastflüssigkeit trinken, was wieder sehr schwierig, unangenehm und eine richtige Quälerei war, es war aber nun einmal notwendig. Die Flüssigkeit konnte ich mit allergrößter Mühe gerade lang genug bei mir behalten, bis die Tomografie gemacht worden war, danach erbrach ich sie.

Die Untersuchung ergab dann den Verdacht auf *Bridenileus*, also eine äußere Verklebung der Darmschlingen – wie die Magendrehung bei Hunden. Dieser Verdacht musste dann erst noch per Ultraschall erhärtet werden – wieder woanders hin (immerhin mit dem Rollstuhl), wieder warten. Die Schmerzen waren zwar durch die Medikamente etwas gedämpft, aber nun konnte ich spüren, dass im rechten Bauchraum ein kleiner harter Knödel immer größer wurde. Ein gewisses Dringlichkeitsgefühl begann sich bei mir breitzumachen.

Man brachte mich auf Station und ins Bett und verabreichte weiterhin Infusionen. Auf meine Bitten hin bekam ich auch weitere Schmerzmittel. Allerdings fror mich selbst unter der Decke immer noch stark. Der harte Knödel im Bauch wurde immer größer.

Leider dauerte es dann noch bis zum Nachmittag, bis ich in den OP gefahren wurde. Die Stunden bis dahin dämmerte ich allerdings unter dem Einfluss der Medikamente im Klinikbett vor mich hin, worüber ich froh war.

Kurz vor der Narkose sagte mir der Operateur Dr. Dadashi, quasi nebenbei und mit launigem Lachen, er wisse nicht, was sie machen müssten, es könne auch sein, dass ich mit einem künstlichen Darmausgang aufwache. Für ihn war das freilich Routine und ich bin dann zum Glück in die Narkose entschlafen, aber im Nachhinein bin ich schon ziemlich empört, was man sich so alles anhören muss, wenn man schwach und wehrlos ist.

Als ich aufwachte, war ich froh, überhaupt noch einen Darm zu haben und nicht mit künstlichem Ausgang erwacht zu sein. Direkt erleichtert war ich, als man mir sagte, man habe nur die letzten 40 cm des Dünndarms entfernt. *Nur* – zum Glück! Ob das Taktik war? Erst die Patienten schocken, damit sie dann froh sind, wenn es nicht ganz so schlimm kommt?

Die Diagnose lautete *Bridenilius mit Iliozoekalresektion*, d. h. Entfernung des letzten Teils des Dünndarms sowie des Übergangs vom Zwölffingerdarm mit der Stelle, wo früher der Blinddarm gewesen war. Ursächlich könnte es sich hierbei um eine Spätkomplikation der Appendizitis in 2003 bzw. des chirurgischen Eingriffs gehandelt haben. Allerdings steht es für mich heute noch infrage ob, wenn ich früher operiert worden wäre, vielleicht die Verklebung hätte entfernt werden können, sodass der Darm hätte gerettet und die Nekrose verhindert werden können.

Wenn es vielleicht auch etwas am Feingefühl des Chirurgen gegenüber seiner Patientin gemangelt haben mag (wahrscheinlich trifft er sie meist ohne Bewusstsein an), so darf ich doch zu seiner Ehrenrettung nicht auslassen zu erwähnen, dass er handwerklich eine Koryphäe ist: Die Narbe ist so fein gearbeitet und verheilte so diskret und problemlos, dass sie noch häufig von Kollegen bewundert und gelobt wurde. Auch später bei den Visiten durfte ich feststellen, dass er sich auch nett und menschlich verhalten konnte.

Dieser Teil des Darms, der mir nun fehlt, ist größtenteils zuständig für die Fettverdauung und den Wasserentzug aus der Nahrung. Dabei war es noch Glück, dass nur die letzten 40 cm des Dünndarms und nicht größere oder vorhergehende Teile entfernt werden mussten, denn bis hierher ist der größte Teil der Arbeit schon erledigt worden. Dennoch stellte sich heraus, dass ich dieses Körperteil durchaus vermisste und dass man nicht freiwillig darauf verzichten sollte.

Anschließend war ich auf der Intensivstation. Wenige Stunden nach dem Aufwachen bot man mir dort zu meinem Entsetzen Zwieback an. Zwieback wird immer als Aufbaumittel bei Darmkrankheit und überhaupt bei Krankheit verwendet, aber nur die wenigsten wissen, dass Zwieback Milchpulver bzw. Laktose enthält. Die Schwestern wussten es nicht. Ich hatte schon bei meiner Aufnahme meine Unverträglichkeiten angegeben, aber was hilft das, wenn das zuständige Personal sich mit der Thematik nicht auskennt? In dem Moment war mir klar, dass ich in dem Krankenhaus nichts essen konnte, ohne alles genau zu kontrollieren. Ich war fassungslos, wie wenig das Pflegepersonal in einem Krankenhaus über Ernährung weiß.

Ich konnte unerwartet früh, nämlich schon nach zwei Tagen, auf Station verlegt werden.

Kooperation mit der Klinikküche und Diätberatung

Anders als die meisten Kliniken hatte das *Rotkreuzklinikum München* seine eigene Küche. Sie bereiteten die Gerichte vor Ort selbst zu statt, wie das heute leider sehr weit verbreitet ist, sie von einer externen Großküche geliefert zu bekommen.

Abgesehen davon, dass sie eine Ernährungsberatung hatten, konnte ich so meine Wünsche und Bedürfnisse direkt an den Küchenchef übermitteln, der diese auch in höchst lobenswerter Weise zu meiner allergrößten Zufriedenheit in wohlschmeckende Gerichte umsetzte. Das war wirklich eine Offenbarung. Es war ein kurioses Erlebnis, wie viele andere Patienten häufig über das Essen nörgelten, ich aber immer absolut begeistert war. U. a. hat mich das Salatdressing zu *Diätsünden* verführt: Ich bestellte es weit häufiger, als ich es von der Rotation her sollte.

Die Ernährungsberatung alleine hätte mir allerdings nicht viel geholfen. Ich konnte froh sein, dass ich schon ausreichend Diäterfahrungen gesammelt hatte, um selbst für mich zu entscheiden, welche Produkte und Kombinationen ich essen konnte, mochte und musste.

Froh konnte ich auch sein, dass ich schon bald wieder mobil war, um in den Katakomben des Klinikgebäudes die Küche und Ernährungsberatung persönlich aufzusuchen und somit den *kleinen Dienstweg* zu nehmen, denn es stellte sich heraus, dass die offizielle Version wahrscheinlich wesentlich länger gedauert hätte, als mein ganzer Klinikaufenthalt von einer guten Woche – und was hätte ich dann in der Zeit gegessen?

Spätestens da war mir klar, dass man sogar hierzulande, auf sich allein gestellt, in unserem Gesundheitssystem auf große Schwierigkeiten stoßen kann, sobald man nicht mehr in der Verfassung ist, sich aktiv für sich selbst einzusetzen bzw. wenn man niemanden hat, der das für einen übernehmen kann. In anderen Ländern bekommt man im Krankenhaus nicht einmal Verpflegung, sodass man hier auf den Zusammenhalt der Familie und auf die Versorgung durch Familienangehörige angewiesen ist – aber ob das wirklich so ein Nachteil ist, solange man eine Familie hat?

Die Diätberatung im Krankenhaus hatte mich mit vielen äußerst wertvollen Hinweisen sowie mit Schriftmaterial versorgt. Hier hörte ich zum ersten Mal von *bilanzierter Diätnahrung* oder *MCT* (mehr dazu später). Auch die Diätberatung im Reformhaus war für mich sehr hilfreich. Dort bekam ich wertvolle Tipps und Material zu Produkthinweisen, worüber ich sehr froh war.
Alle Hinweise, die mir eigene Recherche ersparten, waren in dieser Phase sehr willkommen, weil meine Kapazitäten noch recht eingeschränkt waren. Der Wiederaufbau und die Wiedererlangung meiner Alltagstauglichkeit nach dieser Operation waren äußerst schwierig, sehr langwierig und unendlich mühsam.

Mühsame Aufbauphase – was geholfen hat

Zunächst fand ich heraus – teils, weil es mir von der Ernährungsberatung und Frau Dr. Lippert gesagt wurde, teils durch eigene Recherchen –, dass ich mit der Fettverdauung Probleme bekommen könnte. Es kann zwar nach längerer Zeit sein, dass andere Darmabschnitte die Aufgaben des entfernten Teils übernehmen, aber bis dahin sollte man sehr vorsichtig sein. So begann ich mit MCT-Fett (mittelkettige Triglyceride bzw. englisch **m**edium-**c**hain-**t**riglycerides). Man fängt mit einer sehr geringen Tagesdosis von max. 20 g an und steigert diese bei Gewöhnung langsam bis auf 40 g pro Tag. Steigert man die Menge allerdings zu schnell oder verträgt es schlecht, kann es zu Bauchkrämpfen, Übelkeit, Erbrechen, Blähungen und Durchfallen kommen.
Für unterwegs probierte ich u. a. die bilanzierte Diät *Elemental 028 flüssig* der Firma *Nutricia GmbH* im 0,25-Liter-Tetrapack. Sie enthielt u. a. ebenfalls MCT, schmeckte recht gut und war sehr gut verträglich, leider mit knapp 7,- € für den Viertelliter aber auch recht teuer (Nahrungsmittel sind Privatvergnügen, zumindest soweit es meine private

Krankenversicherung betraf) und deshalb war ich recht froh, als ich wieder ohne auskam.

Eines allerdings ist mir bis heute unverständlich: Warum um alles in der Welt müssen sämtliche Medikamente, Medizinprodukte und Nahrungsergänzungsmittel eine künstliche Farbe und einen künstlichen Geschmack verpasst bekommen? Noch dazu ist das Zeug meistens übersüß, zweifelhaft aromatisiert und soll angeblich nach Erdbeere, Schokolade, Banane, Vanille oder Grapefruit etc schmecken. Für jemanden wie mich, die ich ohnehin die pikanten Geschmacksrichtungen viel lieber habe, ist das eine ziemliche Enttäuschung.

Liebe Mitverbraucher: Anscheinend sind wir ja alle selbst daran schuld, es sei ja der Kundenwunsch, nach dem sich die Hersteller richten, heißt es immer. Also wollen wir wirklich alle, dass unsere Tabletten, Vitaminkapseln und Abnehm-Trinknahrung nur süß schmecken und quietschbunt sind? Oder ist uns – gerade im Medikamentenbereich – nicht doch die Wirkung wichtiger als zweifelhafte und überflüssige Füll-, Farb- und Aromastoffe? Der Gipfel ist die Polierpaste in der Zahnhygiene, die nach Pfirsich schmeckt, da könnte man doch wenigstens erwarten, dass sie orange ist – aber nein: sie ist hellgrün gefärbt! Was soll das sein? Geschmacksrichtung schimmliger Pfirsich?

Für mich war diese neue Art der Diäternährung, trotz meiner ohnehin schon einschränkenden Rotations-/Auslassdiät, eine große Entbehrung. Ich hatte bis dahin eigentlich gern *mehr* Fett – *gutes* Fett – zu mir genommen, z. B.viel Olivenöl, nun aber war ich sehr vorsichtig. Zudem versuchte ich, den Nährstoffgehalt u. a. mit Mandelcreme, Maltodextrin, Sojamehl usw. zu erhöhen, um meinen Gewichtsverlust auszugleichen. Ich hatte nach der OP ein Gewicht von knapp 50 kg, was mir (Normalgewicht ca. 56 kg) bei 170 cm Körpergröße wirklich zu wenig war, ich fühlte mich klapprig, schwach und fror ständig.

In den folgenden Monaten und Jahren brachte ich es nicht zu geformtem Stuhlgang, hatte permanent Blähungen, Durchfall, sehr häufige

Stuhlgänge (mindestens zwei-, dreimal bis zu sechsmal und mehr pro Tag). Offensichtlich war das Mikrobiom wieder völlig im Eimer.

Sehr geholfen bei der Regeneration des Mikrobioms haben mir Milchsäurebakterien. Nach vielen Versuchen, bei denen ich aber immer wieder über milchhaltige Produkte stolperte, fand ich verschiedene milchfreie Pulver zum Einrühren oder Kapseln – gut verträglich und angenehm, u. a. *ProBio-Cult lactosefrei, Dr. Wolz Darmflora plus select Kapseln* und *Nutrimmun Probiotik pur* bzw. *Probiotik Sport Pulver*. Bis 2015 kam ich nicht ganz ohne aus und machte in periodischen Abständen von ca. sechs Monaten immer wieder Kuren über jeweils fünf bis sechs Monate.

Helicobacter pylori

Es folgte ein ständiges Auf und Ab im Befinden, außerdem ständig die Befürchtung und der Zwiespalt, inwieweit der psychosomatische Anteil überwog bzw. das Befinden davon abhing – schließlich wollte ich kein Hypochonder sein!

Alle sechs bis acht Wochen hatte ich Arzttermine mit Akupunktur.

2009 ging es mir wieder richtig schlimm und in meinem Magen fand sich *Helicobacter pylori*.

Erst vor wenigen Jahren war entdeckt worden, dass dieses Bakterium in der Lage ist, in der lebensfeindlichen Umgebung des Magens (trotz der Magensäure, die ansonsten alles und jeden vernichtet) zu überleben, sich zu reproduzieren und außerdem fortschreitende Schäden an den Schleimhäuten der Magenwände zu verursachen. Ob Zeitschrift, Zeitung, Funk, Fernsehen oder Internet: überall wurde darüber berichtete. Besonderes Augenmerk wurde dabei dem Problem gewidmet, dass *Helicobacter pylori* sowohl für Magengeschwüre als auch für Magenkrebs verantwortlich sei. Nicht zu unterschätzen ist, dass es durch Ansteckung, z. B. beim Küssen oder besonders bei Kontakt mit Kleinkindern, z. B. beim Ablecken von Löffeln, Saugern usw., ansteckend sein kann, sodass eine Übertragung von den Eltern auf die Kinder sehr wahrscheinlich ist. Das gilt im Übrigen auch für Karies! Beides gehört leider auch heute noch, ähnlich wie die Kontraindikationen für Antibiotika (siehe unten), zu den Fakten, die allgemein sehr wenig bekannt sind. Allerdings entwickeln nur manche Menschen Symptome, während andere in friedlicher Symbiose mit dem Helicobacter leben.

Auch vor meiner Blinddarm-OP 2003 hatte Frau Dr. Lippert schon den Verdacht geäußert, dass ich an Magengeschwüren erkranken könnte. Sie hatte wohl schon damals Anzeichen entdeckt und manche meiner Symptome hatten in diese Richtung gedeutet.

Entgegen der Berichte und Warnungen, die ich darüber gehört hatte, empfand ich persönlich sowohl die Magenspiegelung in der Praxis von Dr. Mewes mit ihrem äußerst angenehmen, rücksichtsvollen, netten, zuvorkommenden und höchst kompetenten Team, als auch die anschließende medikamentöse Therapie als einen reinen Spaziergang. Bei der Magenspiegelung wurde unter sehr kurzer leichter Vollnarkose eine Biopsie der Magenwand vorgenommen, um an dem entnommenen Material zu testen, welches Antibiotikum am besten wirkte. Anschließend musste das Medikament 14 Tage lang morgens vor dem Aufstehen sowie mittags und abends eingenommen werden. Ich spürte weder Probleme noch Nebenwirkungen. Seither sind diese Symptome praktisch verschwunden, ich bin sehr erleichtert und froh, das nun hinter mir zu haben. Und auch wenn ich nach wie vor äußerst empfindlich bin, sind diese unangenehmen Symptome fast ganz verschwunden.

Weitere Regeneration

Noch mindestens zwei Jahre nach der Dünndarm-OP bemerkte ich den Verlust der Strecke funktionell auch daran, dass ich besonders morgens (egal wie viel Zeit zwischen Aufstehen und Frühstück vergangen war) genau dann zur Toilette musste, also intensiven Stuhldrang verspürte, sowie ich mit den Essen begonnen hatte – üblicherweise hat man damit ja Zeit bis nach dem Frühstück. Unlängst habe ich gelernt (im Zusammenhang mit einer Coloskopie, die ohne Befund war, wobei mir jedoch *Reizdarmsyndrom* diagnostiziert wurde), dass dies bekannte Anzeichen dafür sind, dass ein Stück Dünndarm fehlt, das die vorgesehene Aufgabe nicht mehr wahrnehmen kann.

Ein Reizdarm ist eine äußerst ernst zu nehmende Diagnose. Man sollte das auf keinen Fall verharmlosen, da die Wahrscheinlichkeit sehr hoch ist, dass sich eine chronisch entzündliche Darmerkrankung entwickeln wird, sofern wir nicht die richtigen Maßnahmen ergreifen. Das ist mit ein Grund dafür, warum ich meine Erfahrungen, wie ich meine Gesundheit retten konnte, in diesem Buch veröffentliche. Auch ich war sehr wahrscheinlich schon an den Punkt gelangt, dass die Darmschleimhaut so stark geschädigt war, dass der Zellverbund nicht mehr homogen, sondern durchlässig war. Auf diese Weise gelangen Mikrobausteine aus der Ernährung direkt ins Blut, ohne vorher ausreichend verstoffwechselt worden zu sein, und so kommt es zu den starken krampfartigen Bauchschmerzen. Nur durch die Feststellung, welche Lebensmittel für den eigenen Körper unverträglich geworden sind, deren konsequente Vermeidung in Verbindung mit der Rotation der übrigen (verträglichen) Lebensmittel kann der Darm entlastet, die Entzündungen ausgeheilt und die Darmwand regeneriert werden.

Nach allem, was ich in all den Jahren erfahren habe, gibt es nach wie vor keine Medikamente und keine Therapie, die hier helfen, schon gar nicht, ohne die oben beschriebenen Maßnahmen. Egal welche Therapie angewendet wird: ohne Auslass- und Rotationsdiät wird es keinen Erfolg geben. Insofern kann man durchaus sagen, dies ist der einzige Weg, der zum Erfolg führen wird – und das auch ohne weitere pharmazeutische Produkte, abgesehen von denen der Naturheilkunde wie Homöopathika oder phytotherapeutische Produkte.

Überflüssig zu erwähnen, dass diese Therapieform nie auf Begeisterung in Fachkreisen stoßen wird, schon weil sie allein auf Auswahl und

Wissen basiert und hier weder Ärzte noch Pharmazeutikahersteller und Lobbyisten einen Gewinn haben. Das ist ein Grund mehr für mich, dieses Buch zu schreiben: Leute, nehmt selbst die Verantwortung für eure Gesundheit wahr – durch Information, Wissen und das richtige Handeln.

Im Sommer 2011 konnte ich dann endlich das erste Mal seit 2003 ernsthaft sagen: *Ich bin gesund und fit, mir geht es wieder richtig gut und ich muss nicht mehr ständig ärztliche Hilfe suchen.* Ich konnte mich jetzt wieder sehr oft, ungefähr zu 50 Prozent, über geformten Stuhlgang freuen, dies nicht mehr öfter als zwei- bis dreimal am Tag. Ich glaube, nur jemand, der so etwas hinter sich hat, kann seinem Stuhlgang diese Aufmerksamkeit und Leidenschaft widmen und meine Freude über Normalität auch in diesem Punkt nachvollziehen.

Bis 2015 brauchte ich meist in Abständen von einigen Wochen bis Monaten die klassisch-homöopathische Therapie und die Akupunktur. Das ist auch als Prophylaxe zu sehen, aber nach zwei bis drei Monaten beginnen häufig wieder die bekannten Beschwerden:

- Kopfschmerzen
- Mattigkeit
- Magenschmerzen
- Bauchschmerzen und -krämpfe
- Blähungen
- brennende Schmerzen in Speiseröhre, Magen und Bauch
- Hautprobleme und -jucken
- häufiger weiche, klebrige bzw. flüssige Stuhlgänge mit dementsprechender Luftbeimengung

Der Beginn des Pollenflugs im Februar ist meist eine kritische Zeit, ich spüre das immer deutlicher.

2013 traten neben der Pollenunverträglichkeit gelegentlich Atembeschwerden auf. Auf Anraten der Hausärztin suchte ich 2014 einen Lungenfacharzt auf. Nach der gründlichen Untersuchung mit Pricktest und Lungenfunktionstest ergab sich eine *hochgradige bronchiale Hyperreagibilität* und zum ersten Mal eine positive Allergiediagnose: Ich war allergisch gegen Hausstaub, Gräser, Roggen und Hunde! Das fand ich sehr traurig, weil wir doch mit zwei Shiba-Inus zusammenleben. Der Arzt meinte, außer dem gelegentlichen Gebrauch eines Asthmasprays sehe er keine weiteren Maßnahmen als notwendig an.

Jetzt hatte ich ein konkretes Ergebnis, aber die Symptome waren deshalb nicht weg. Versuche mit Antihistaminika waren nicht erfolgreich. Mir blieb nur *Fenistil* als Tropfen, alle anderen Produkte enthielten Milchbestandteile. Die Fenistiltropfen hatten bei mir in geringer Dosierung aber keine Wirkung, bei höherer Dosierung spürte ich hingegen sofort eine starke Beeinträchtigung in Form von Müdigkeit, Mattheit, Schwindel, Konzentrationsproblemen und einem Wattegefühl im Kopf. Also suchte ich weiter nach Abhilfe.

2016 entdeckte ich, dass Frau Dr. Flade wieder in München praktizierte, zwar in kleinem Rahmen, aber sie gab mir sofort einen Termin.

Vor einiger Zeit ist Frau Dr. Flade leider verstorben. Sie wird aber unvergessen bleiben für ihre bedeutende Pianierarbeit bei der Behandlung von Nahrungsmittelunverträglichkeiten und Allergien mit Weglass- und Rotationsdiät anstelle von Medikamenten. Über ihre Arbeit hat sie viele Bücher geschrieben, die übers Antiquariat erhältlich sind. Die Lektüre kann ich nur empfehlen.

Als ich ihr von meinen Problemen berichtete und ihr meinen Diätplan zeigte, war sie zuerst pessimistisch bis entsetzt und meinte, man müsse davon ausgehen, dass ich nach einer *Candidatherapie* von ca. vier Wochen mit der entsprechenden Diät, danach noch länger eine strenge Diät einhalten müsste – ich bräuchte hier viel Geduld und sollte mich schon mal darauf einstellen. Diese Aussicht machte mich nicht sehr froh.

Aber Frau Dr. Flade konnte das ja testen (sie arbeitete nach wie vor mit der mir schon bekannten Methode, Unverträglichkeiten und Allergien mit einem kinesiologischen Muskeltest aufzuspüren). Das ist immer wieder äußerst erstaunlich und überraschend! Frau Dr. Flade wurde immer fröhlicher und optimistischer, da sich dabei herausstellte, dass ich die allermeisten Allergene vertragen würde und somit weiterhin zu mir nehmen konnte.

Das ist für mich die schönste und beste Bestätigung dafür, dass ich alles richtig gemacht habe, nämlich die Rotationsdiät einzuhalten und durchzuziehen: 2016 waren es neun Jahre!

Ich musste nicht verzichten auf

- Getreide
- Kaffee
- Grüntee
- Reis
- Walnüsse
- Tomaten
- Paprika
- Mais
- Zwiebeln
- Knoblauch
- Hefe
- Sojadrink
- Ziegen- und Schafmilchprodukte
- Sauerrahmbutter.

Dafür riet Frau Dr. Flade allerdings ab von

- Margarine
- Trockenfrüchten (das Argument mit den Pilzen auf der Außenseite ist nicht zu wiederlegen)
- Zuchtpilzen
- Sojadrink

Abgesehen von der ganzen Problematik der Sojaproduktion und dem völlig überzogenen Hype, was den Gesundheitswert betrifft, lohnt es sich generell, den Verbrauch einzuschränken. Ich hatte Sojadrink bisher ohnehin nur zweimal in der Woche für den Kaffee verwendet. In größeren Mengen vertrage ich ihn schlecht, bekomme Blähungen, Unruhe und Blubbern im Bauch; Sojadrink wirkt sich insgesamt auch negativ auf meinen Stuhlgang aus. Da ich aber jetzt wieder einige Änderungen probiert habe, gehört dazu auch, etwas öfter Kaffee zu trinken, aber zunächst – wenn überhaupt – an Tag 1 mit Reis- oder Hafedrink, an Tag 2 mit Sojadrink und an Tag 3 bzw. Samstags wieder mit Haferdrink. So trinke ich zumindest nur an jedem zweiten Tag Soja- oder Haferdrink – dies aber auch nur, wenn es mir gut geht, sonst halte ich mich streng an die Vier-Tage-Regel der Rotationsdiät, die weiter unten beschrieben wird.

Für die Zeit der Candidabehandlung muss man auf sämtliche süßen Lebensmittel und Süßstoffe verzichten, um den Pilz möglichst effizient zu dezimieren. Nur *Stevia* ist erlaubt, Haferdrink und Reisdrink (in den Kaffee, der damit ganz okay schmeckt), weil sie auf natürliche Art süß schmecken, ohne jeden Zusatz von Süßungsmitteln.
Aber Frau Dr. Flade hatte auch etwas, das sie vor 20 Jahren noch nicht hatte: Sie konnte die Allergie von bis zu acht Produkten *löschen:* mit der Höpfner-Pyramide. Niemand weiß, wie das funktioniert, aber sie hat viele sehr zufriedene Patienten.

Schnell stellte ich mir für die Zeit der Candidabehandlung ein neues Rotationsschema zusammen, mit den erlaubten Lebensmitteln und dementsprechenden Speiseplänen.
Bei der *Spezialbäckerei Bulla* bestellte ich mir die entsprechenden Brote:
- Teff (das ist eine Urgetreidesorte aus Afrika) für Tag 1 – kein Weizen/Roggen/Dinkel in der Zeit
- Buchweizen für Tag 2 – kein Ei erlaubt
- Hafer und Mais für Tag 3 – keine Kirschen, Marmelade, Schokolade, Datteln erlaubt
- Quinoa für Tag 4 – keine Banane, Soja, Feigen, Rosinen, Cranbeeren erlaubt, dafür Sauerrahmbutter, Ziegenkäse/-frischkäse, Schaf-/Ziegen-Feta.

Mit Gurke, *Vitam*, Tomate usw. kann man damit auch gut überleben und schöne Brote zaubern.

Nach der Candidabehandlung durfte ich auch Sojadrink wieder genießen, außerdem Trauben (Wein), Fisch, Ei, *Tamari* (Sojasoße ohne Weizenanteil im Gegensatz zu *Shoju*).
Bei all diesen Produkten, die ein hohes Allergiepotenzial haben, ist es je nach Befinden besonders wichtig, die Rotation möglichst genau einzuhalten. Wie immer ist auch hier das *was, wie* und *wie oft* sehr wichtig.

In einem zweiten *Löschtermin* haben wir Gräser von zwei verschiedenen Standorten getestet sowie Hausstaub (Probe aus dem Staubsaugerbeutel), Hundehaare, Linde (2016 war die Lindenblüte sehr stark), Lavendel und Waschmittel. Die Probe des Flüssigwaschmittels nahm ich deshalb dazu, weil ich in letzter Zeit immer empfindlicher auf starke Düfte reagiert hatte. Manches Eau de Toilette, Deo usw. und auch das immer sehr stark riechende Waschmittel brachten mich an den Rand der Verzweiflung und der Ohnmacht; Schwindel, Übelkeit und Atemnot traten auf. Den Geruch der frisch gewaschenen Wäsche konnte ich kaum aushalten, aber Waschmittel ohne Geruch war auch keine Lösung, denn die Wäsche riecht dann nach der Wäsche kaum besser als davor. Ich versuchte, mir mit einer Mischung aus duftlosem Waschmittel und etwas duftendem Waschmittel zu helfen, sodass sich ein sehr schwacher Duft ergab.
Der kinesiologische Test ergab: Die Hundehaare tun mir gar nichts – ich war sehr erleichtert – die Linde auch nicht, Lavendel nur wenig, aber Staub, Gras und Waschmittel störten extrem. Die wurden dann gelöscht. Bei der nächsten Gartenarbeit konnte ich wirklich feststellen, dass es mir viel besser ging.
Leider blieb ich bis jetzt aber nicht dauerhaft beschwerdefrei. Allerdings besteht die Problematik auch hier darin, die richtigen Substanzen auszumachen, die einem Schwierigkeiten bereiten. Gut möglich, dass ich diese noch nicht alle gefunden habe.

Auch wenn dieser Behandlungsansatz nicht unumstritten ist: soweit es mir hilft und für mich funktioniert, ist es mir völlig egal, ob sich wissenschaftlich ein Nachweis erbringen lässt, der die Wirkung bestätigt. Für mich steht fest, dass es viele Dinge gibt, für die wir noch keine Erklärung haben bzw. keine Möglichkeit sie nachzuweisen. Vielleicht wird es das eines Tages geben, vielleicht nicht, trotzdem erscheint mir dieser Weg plausibel und wirkungsvoll. Wir müssen alle für jeden einzelnen Fall für uns selbst entscheiden, welchen Weg wir gehen wollen. Wenn der Leidensdruck hoch genug ist, sollten wir bereit sein, etwas zu probieren, insbesondere, wenn kein Risiko damit verbunden ist. Nebenwirkungen gibt es nicht, nur Wirkungen. Und ich finde, man muss nicht immer alles erklären können.

Seit mehreren Monaten habe ich gute Erfahrungen mit dem *Ölziehen* gemacht. Wie das geht und was der Sinn und Nutzen ist, folgt weiter unten. Ich habe das Gefühl, dass, seit ich es regelmäßig praktizierte, viele Reizungen (z. B. von Magen und Darm, Zahnfleisch) fast verschwunden sind. Meine Zahnhygienikerin war schon nach wenigen Wochen schwer begeistert und meinte, es sei noch weniger Plaque und Zahnsteinbildung zu sehen als ohnehin schon. Wie sie früher schon sagte, ist bei mir der Speichelfluss sehr intensiv und kräftig, die Zusammensetzung des Speichels günstig und die Zähne bekommen nur wenig Zahnstein. Ich kann nur spekulieren, dass z. B. die Ablagerungen, die sich über Nacht an der Mundschleimhaut bilden, durch das Ölziehen neutralisiert bzw. gebunden werden, bevor sie in den Magen und Darm gelangen. Wahrscheinlich erfolgt über Nacht eine gewisse Entgiftung des Körpers auch über die Mundschleimhaut.
Ölziehen wird gleich nach dem morgendlichen Aufstehen praktiziert, noch bevor getrunken, gegessen oder Zähne geputzt wird. Man soll einen Esslöffel Öl – Sorte egal, ich rotiere sie natürlich – in den Mund nehmen und diesen 20 Minuten lang durch die Zähne *ziehen*. Wichtig ist, nichts davon zu schlucken und es am Schluss in den Restmüll zu entsorgen bzw. auszuspucken. Damit entfernt man Abbau- und

Entgiftungsprodukte, statt dass diese noch einmal in den Körper gelangen.

Es mag sich um eine Korrelation aller meiner Maßnahmen handeln, eine Art Gesamtnutzen des Gesamtkonzepts, aber nicht für alles braucht man immer eine Erklärung – Hauptsache, es geht mir gut.

Mein ganzes System basiert auf Erfahrung und darauf, ein Gespür für den Körper, für den Darm zu entwickeln. Mit der Rotation gehe ich insofern jetzt lockerer und mehr nach Gefühl um. Nach so langer Zeit konnte ich endlich ein Gespür für Menge und Häufigkeit erlangen.

So stellte sich heraus, dass ich mir den Genuss von Butter (auch wenn es Sauerrahmbutter ist) von Ziegenkäse oder Feta usw. nur sehr begrenzt gönnen kann. Selten genug, wenig genug und eventuell mit Einnahme von Laktosestoppern geht es dann gelegentlich. Aber die Welt geht nicht unter, wenn man keine Käse essen kann. Sie wird aber mit dem Genuss von Käse durchaus schöner – finde ich zumindest!

Retardierte Symptomatik

Mittlerweile weiß ich: Wenn ich etwas Falsches, also Unverträgliches gegessen habe (derzeit Milchprodukte, rohe Zwiebeln oder Knoblauch), tritt die Wirkung verzögert meist nach etwa 12 Stunden ein. Sie kann aber bei mir auch wenige Stunden bis zu 48 Stunden nach dem Essen eintreten, so weit ich das bisher nachvollziehen konnte. Es wird auch von Zeiträumen bis zu 78 Stunden berichtet, aber das konnte ich nie feststellen, und sei es nur deshalb, weil ich nach mehr als drei Tagen nicht mehr auf dem Radar habe, was ich alles in dieser Zeit aß. Das entzieht sich dann sozusagen dem Bewusstsein und die Menge ist auch einfach zu weit gefächert, als dass sich noch mit Bestimmtheit sagen ließe, woher die Beschwerden wirklich stammen.

Und genau hier zeigt sich die Problematik, den Unverträglichkeiten auf die Spur zu kommen: Anders als allergische Reaktionen, die innerhalb kurzer Zeit auftreten, kann die Wirkung sich so stark verzögern, dass man einfach nicht drauf kommt, woran es jeweils liegt, insbesondere dann, wenn die fraglichen Produkte mehrmals täglich gegessen werden.

Bei Stress und in aufregenden Zeiten konnte ich seit einiger Zeit einen alten Bekannten wieder begrüßen: Schon mit Anfang 20 stellte ich häufig krampfartige Schmerzen rechts, links oder auch beidseitig im Oberbauch fest. Ich habe einmal gelesen, das wären die sogenannten *Gewitterecken*, die Kurven im Colon (Dickdarm), der ja rechteckig um den Bauch herum verläuft, von unten rechts beim Blinddarm nach oben rechts, dann quer nach links und dann links hinunter bis zum Mastdarm. Hier können sich aufgrund von Stress, psychischen Problemen und ungünstigem Ernährungsverhalten Verkrampfungen bilden, unverdaute Stoffe stauen und zu Gasbildungen führen. Ich dachte dann immer mit Grausen an diese Bilder vom sogenannten *Zivilisationsdarm*, wenn sich der Darm nicht in einer sauberen 90-Grad-Kurve um die Ecke biegt, sondern in verzwirbelten, verkrampften Verengungen in die Höhe ragt, wo er das Lungenvolumen einschränken und das Herz behindern kann. Auch der Querast kann überdehnt und geschwächt sein und herunterhängen. Dies kann auf die Organe im unteren Bauchraum drücken und z. B. auch zu Harndrang führen. Es kann auch eine Ursache für Inkontinenz sein. Wenn sich die Verkrampfung erst einmal eingenistet hat, ist es schwer, sie wieder zu lösen. Als Nächstes wird die Arbeit des Darms in Mitleidenschaft gezogen, es entstehen Stauungen oder Blähungen, schwierige oder ungeregelte und ungeformte Stuhlgänge oder auch Durchfall.

Auch heute, nachdem ich nicht mehr unter andauernden Schmerzen, Schwächegefühl und Beeinträchtigung der Lebensweise generell leide, kommt zwischen guten Wohlfühlphasen gelegentlich dieser seitliche Druckschmerz in den Gewitterecken vor. Wenn ich dann nach den Ursachen forsche, stelle ich fest, dass die Probleme zwei bis vier Wochen früher da waren als die Schmerzen. Das ist interessant und darf nicht übersehen werden. Auf jeden Fall ist Entspannung, Erholung, Gelassenheit und Distanzierung von bzw. Relativierung gegenüber spannungsfördernden Themen hilfreich.

Es bleibt ein ständig wechselndes Auf und Ab, jeder Tag ist anders, viele sind gut, manche nicht so. Es hängt von sehr vielen unterschiedlichen Faktoren ab und nicht immer sind diese ersichtlich. Deshalb ist es jeden Tag eine neue Herausforderung, mehr zu erfahren, in der Hoffnung auf langfristige Beschwerdefreiheit, Wohlbefinden und Gesundheit, Anti-Aging und dauerhafte CED-Prophylaxe (CED = chronisch entzündliche Darmerkrankungen wie *Morbus Crohn* und *Colits Ulcerosa*).

ROTATIONSDIÄT: Warum, wie es geht und mein Ernährungsplan

Ich sehe das Rotationsschema als Lebenskonzept an. Es kann prophylaktisch oder korrigierend praktiziert werden – auch phasenweise – und ist nicht nur zum Abnehmen oder bei gesundheitlichen Problemen sinnvoll. Die Bezeichnung *Diät* verwende ich hier ausschließlich aus Gründen des besseren Verständnisses.

Meinem Diätplan legte ich die Einteilung aller Lebensmittel nach Pflanzenfamilien gemäß Jutta Poschet zugrunde.

Grundsätzlich besteht das Diätschema darin, dass wir sämtliche Lebensmittel (aufgrund ihrer botanischen Zugehörigkeit nach Pflanzenfamilien geordnet) in vier Gruppen einteilen. Die Gruppen werden nacheinander den Tagen zugeordnet, d. h. an jedem Tag werden nur die Lebensmittel einer Gruppe gegessen, die dann drei Tage lang nicht gegessen werden. Die Idee dahinter ist, dass der Körper für alles, womit er innen (und auch außen) in Berührung gerät, Antikörper bildet. Bis alle Spuren eines Produkts den Körper verlassen haben, können bis zu drei Tage (und mehr) vergehen.

Da es auch Lebensmittel mit höherem Allergiepotential gibt, kann es vorkommen, dass dafür stärkere bzw. mehr Antikörper gebildet werden. Wenn jetzt der Körper täglich damit konfrontiert wird, können sich Unverträglichkeiten und Allergien bilden. Da dies oft lange unerkannt ablaufen kann, können auch Kreuzallergien entstehen, d. h. die Immunreaktion beschränkt sich nicht auf das Lebensmittel selbst, sondern auch auf verwandte Arten, wenn z. B. Weizen nicht vertragen wird, kann sich das auch auf Roggen, Reis, Mais, Soja usw. erweitern. Möglich ist auch, dass sich schon Unverträglichkeiten oder Kreuzallergien gebildet haben, die unerkannt geblieben sind. Dem soll die Rotation vorbeugen.

Produkte, die bekanntermaßen nicht vertragen werden und (besonders anfangs) auch generell für hohes Allergiepotenzial bekannte Produkte müssen eine Zeit lang völlig gemieden werden. Wer Probleme mit Gluten und Getreide hat, sollte ohnehin zu allererst einmal aufhören, überhaupt konventionell erzeugtes Gebäck und Getreideprodukte zu sich zu nehmen. Gut möglich, dass sich nach einer gewissen Regenerationszeit bzw. nachdem alle glutenhaltigen Produkte eine Zeit lang gemieden wurden, herausstellt, dass zunächst zumindest die sortenreinen Brote usw. wieder gegessen werden können.

Mehr dazu kann man anderswo nachlesen. Ich empfehle dazu, unbedingt das Buch von Jutta Poschet zu lesen. Frau Poschet hat unter dem Markennamen *Jutta-Poschet-ImmunDiät* ein umfassendes Konzept entwickelt, das neben dem Bluttest, den sie im eigenen Labor durchführt, auch Ernährungsberatung, Diätcoaching und Diätpläne sowie Rezepte enthält. Sie beschreibt in ihren Büchern, wie man vielfältigen Probleme in Sachen Gesundheit und Wohlbefinden mithilfe von ein bis mehreren mehrwöchigen Diätzyklen im Jahr dauerhaft abhelfen und diesen vorbeugen kann, u. a. auch Problemen mit Blutdruck, Übergewicht, Reizdarm, Cholesterin, Migräne, Gelenkschmerzen, rheumatischen Beschwerden, Hautproblemen, Asthma usw. Auch viele allgemein weniger bekannte Zusammenhänge werden hier ausführlich erklärt. Hier findet sich auch die ausführliche Einteilung aller Lebensmittel ins Rotationsschema.

Daran hatte ich mich schon 1993 anhand eines früher erschienenen Buches von Jutta Poschet ist orientiert, um das Rotationsschema und den Diätplan für meine Tochter zu erstellen.

MENÜPLAN

Mein Speiseplan sieht seitdem ungefähr so aus:

Tag 1: Montag, Freitag

Frühstück:
Vollkornbrot von der *Hofpfisterei* (z. B. Dinkel-Grünkern oder Vollkorn-Sonne) mit *Vitasieg*-Margarine, *Vitam*-Brotaufstrich (Birnenkraut / Honig), Grüntee

Zweites Frühstück:
Pfisterbrot mit *Vitasieg*-Margarine, *Vitam*, Schnittlauch, Lauchzwiebeln, Salatgurke oder milchsaure Salz-Dill-Gurken

Mittagessen:
Nudeln (Hartweizen) oder Amaranth, Gerstenschrot, Reis, Getreidebratlinge oder Dinkelkörner/-schrot gedämpft, Pinienkerne, Zucchini, Oliven, Schnittlauch/Lauchzwiebeln, Olivenöl, Gurkensalat oder Chiccoree mit Apfelessig und Olivenöl, Aprikosen, evtl. Mango
oder:
Pizzabrot (Mehl, Wasser, Salz) mit Gemüse (Zucchini, Knoblauch, Tomate, Aubergine etc.)
oder
Blätterteig-Börek mit Spinatfüllung

Abendessen:
wie mittags, dazu evtl. Bier

Tag 2: Dienstag (Samstag = Tag 2/3, als Springertag)

Frühstück:
Bratkartoffeln mit Erdnuss-, Raps- oder (Samstags) Maisöl, Ei weich/hart, Rühr- oder Spiegelei, Matetee/Cistustee, evtl. Grapefruit-saft

Zweites Frühstück:
Kartoffel- oder Erdnussflips (Samstags)

Mittagessen:
Kartoffelsalat, Fisch (Saibling, Wildlachs, Forelle, Thunfisch, auch Räucherlachs)
oder
Bratkartoffeln, Tomatenpaprika, Tomate, evtl. Aubergine
oder
Kartoffelsuppe mit Karotten, Tomatenpaprika, Ingwer, Kürbis
oder
Pommes frites mit Ketchup und Majonaise
selten:
Veggiwürstchen mit Curry, Ketchup, Kartoffelsalat oder Pommes frites

Abendessen:
wie mittags

Tag 3: Mittwoch (Samstag = Tag 2/3)

Frühstück:
Hirse, Kirschmarmelade, Datteln, schwarze Schokolade geraspelt (milchfrei, min. 60 %), Kokoscreme geraspelt, Sonnenblumenkerne geröstet, Kräutertee aus Rooi etc.

Zweites Frühstück:

Maistacos, evtl. mit Basilikumpesto ohne Käse von *Alnatura* oder Datteln mit Sonnenblumenkernen, Ingwertee

Mittagessen:

Buchweizen-/Hirsebratlinge, evtl. mit Basilikumpesto ohne Käse von *Alnatura*, Avocado-Guacamole, grüner Salat mit Kirschessig, Mais- oder Sonnenblumenöl, Mais, Sonnenblumenkerne, Austernpilze oder andere Pilze, Basilikum, Majoran, Oregano, Thymian
oder:
Buchweizensuppe
oder:
Polenta mit Avocado, oder Pesto ohne Käse oder Spinat
oder:
Salat mit Kirschessig und Maisöl

Abendessen:

wie mittags

Tag 4: Donnerstag, Sonntag

Frühstück:

Quinoa, Banane, Feige, Rosine oder Cranberry, Gojibeeren oder Aroniabeeren, Walnüsse, Sojadrink, Kaffee (Mocca mit *Alpro*-Sojadrink)

Zweites Frühstück:

Banane, Feigen, Rosinen, Walnüsse

Mittagessen:

Quinoa, Tofu, Bohnen, Erbsen, Linsen oder Linsensprossen gewürzt mit Sojasoße *Tamari* (ähnlicher Geschmack und, soweit deklariert, gleiche Zusammensetzung wie *Maggiwürze*) oder *Maggiwürze*, Senf,

Meerrettich, Sesampaste oder Gomasio, Sesamöl, Chinakohlsalat mit Distelöl und Weinessig, Balsamico oder Essigessenz
oder:
Quinoasuppe

Abendessen:
wie mittags, evtl. Halva, Rotwein

Grundsätzliches zu den Gerichten

Aus allen Produkten habe ich all diejenigen in das Schema eingearbeitet, die ich essen möchte. Produkte, die ich ohnehin nie zu mir nehme (weil sie unverträglich sind, ich sie nicht essen möchte, sie mir zu exotisch und damit auch teuer oder schwer zu bekommen sind) habe ich erst gar nicht in meinen Plan aufgenommen. Darum stellt dieser Plan hier nur ein Beispiel dar, um zu veranschaulichen, wie man es machen *könnte*.

Die vollständige Tabelle findet sich in den Büchern von Jutta Poschet (siehe Quellenhinweise).

Bei der Aufteilung von Lebensmitteln nach Pflanzenfamilien handelt es sich zwar nicht um Geheimwissen, sondern um allgemein bekannte wissenschaftliche Fakten, trotzdem fiel es mir äußerst schwer, andere Lebensmittel dementsprechend zu klassifizieren. Insofern ließe sich die Einteilung sicherlich optimieren. Ich versuche immer noch, hier bessere und neue Möglichkeiten zu finden und bin für diesbezüglich für fachbezogene Hinweise sehr dankbar.

Ansonsten ist mein Ernährungsplan nach Bequemlichkeit, persönlichen Vorlieben und Alltagstauglichkeit entstanden. Ich war noch nie der Typ für mehrgängige Menüs, mir reicht normalerweise ein Gericht pro Mahlzeit. Häufig esse ich abends das Gleiche wie mittags (mit Variationen oder Ergänzungen) oder einfach den Rest, das vereinfacht die Küche.

Nicht zuletzt, weil ich einige Zeit nach Einführung meiner Diät noch mehrfach – sowohl für die Familie als auch für mich – gekocht habe, ergaben sich viele Gerichte der Einfachheit halber als Eintopf: schnell zubereitet, einfach zu essen, wenig Aufwand und Geschirr.

Nach zwei Jahren der ganz strengen Diät habe ich mir eine Vereinfachung gegönnt, die ich als Erleichterung empfinde: Jetzt haben die Wochentage immer den gleichen Diättag, also Montag = Tag 1, Dienstag = Tag 2, Mittwoch = Tag 3, Donnerstag = Tag 4, Freitag = Tag 1, Samstag = Tag 2/3, Sonntag = Tag 4. Das macht für mich das Planen leichter.
Somit gibt es auch Produkte, die ich recht selten zu mir nehme, hauptsächlich vom Tag 3. Diese können dann als *Jokerprodukte* eingesetzt werden, z. B. wenn nichts anderes zu bekommen ist, in meinem Fall z. B.

- Hirse
- Polenta, Maisbrot, Maistacos
- Avocado, Guacamole
- Salat
- Sonnenblumenkerne
- Datteln
- Kokos
- Spinat

Besonders bei Kartoffeln und Bananen verwende ich nach Möglichkeit nur biologisch zertifizierte Ware, denn meine Kartoffeln koche ich fast immer in der Schale, weil es so am einfachsten ist, das Maximum an Nährstoffen zu erhalten und weil sie mehr Geschmack behalten. Schon beim Schälen und ohnehin beim Kochen geschälter Produkte gehen unnötig Nährstoffe verloren, auch verlieren sie an Aroma. Für Kartoffelsalat schäle ich sie anschließend so warm wie möglich. Für Bratkartoffeln schneide ich oft die Kartoffeln mitsamt der Schale in Würfel und brate sie – die Schalen haben Ballaststoffe, werden schön knusprig und geben Biss, Geschmack und Aroma – allerdings hängt dies auch stark von der Sorte ab und hier haben wir leider oft wenig

Auswahl. Wenn ich am Vorabend vergessen habe, Kartoffeln zu kochen, besonders seit wir einen Induktionsherd haben, brate ich die Kartoffeln oft auch roh, komplett mit Schale. Das geht jetzt ziemlich fix und schmeckt fast wie Pommes frites, knusprig und lecker.

Bananen werden bei konventionellem Anbau stark mit Pestiziden behandelt, wegen des üblichen Problems von starkem Schädlingsbefall in Monokulturen. Die Giftstoffe sind in hoher Konzentration auf der Schale und gelangen beim Anfassen über unsere Haut in den Körper. Ich finde, das muss nicht sein und ist leicht vermeidbar. Zu häufig sind wir ohnehin Giftstoffen ausgesetzt z. B. Fahrzeugabgasen und Abrieb, Wohngifte die ausdünsten etc., was nur schwer zu vermeiden ist. Deshalb tue ich was ich kann, um vermeidbare Belastungen gering zu halten. Die Biobanane hat auch den Vorteil, dass ich sie in der Schale zusammen mit anderen Lebensmitteln in einer Dose mitnehmen kann, ohne dass sie matschig wird – meist ist es die übrige halbe Banane vom Frühstück, die ich zusammen mit Rosinen, Feigen und Walnüssen für das zweite Frühstück mitnehme.

Vorteile der beschriebenen Rotationsdiät

Ich halte mich strengst möglich an meine Rotation, mittlerweile allerdings ohne Fanatismus und unter Beachtung meiner Vorlieben, Gelegenheit oder Gelüste. Wenn ich etwas möchte, dann esse ich es auch. Je besser es mir ging, umso lockerer ging ich damit um, aber nie, ohne das Gesamtprinzip aus den Augen zu lassen: die Rotation, also problematische Produkte nicht täglich, sondern meist nur an jedem vierten Tag zu konsumieren, damit sich die Unverträglichkeiten oder Kreuzallergien nicht wieder verschlimmern können.

Ein Vorteil ist, dass ich immer weiß, was ich essen werde, und planen kann. Vorbei die Zeiten von *Was koche ich denn heute?* So lässt sich verhindern, was sich als eine Art Gewohnheitsschleife einschleichen kann, nämlich, dass wir unbewusst immer wieder dasselbe essen, wenn auch in verschiedenen Zusammensetzungen unter verschiedenen Namen. Wie schon an anderer Stelle gesagt wird z. B. Weizenauszugsmehl sehr häufig verwendet, auch Kuhmilch kommt sehr häufig in verschiedenster Form vor.

Vor und nach den Krisen, bis es mir wieder besser ging, ist mir das natürliche Hungergefühl leider völlig abhandengekommen. In dieser Zeit versuchte ich, möglichst regelmäßig zu essen, wenn es Zeit dafür war. Teilweise habe ich mich dazu überwunden, wenigstens eine kleine Portion zu essen, weil ich gelernt hatte, dass ein Appetitverlust bei mir die Reaktion auf alle möglichen Irritationen sein kann und ich mich meistens besser oder doch selten schlechter fühle, wenn ich etwa gegessen habe. Es ist auch schonender für die Verdauungsorgane und die Schleimhaut der Magen- und Darmwände, wenn immer regelmäßig kleinere Mengen an Nahrung im Magen ankommen und somit ein gleichmäßigerer Verdauungsvorgang abläuft. So kann z. B. einer Überproduktion von Magensäure und damit Reizungen und Entzündungen der Schleimhaut vorgebeugt werden.

Nach über fünf Jahren konnte ich für mich persönlich u. a. folgende Vorteile dieser Ernährung feststellen:

Nach 3 Jahren:
- kaum noch Infekte und wenn, dann leichtere Verläufe, schnellere Heilung
- keine Ohrpfropfen (zuviel hartes Ohrenschmalz)
- kaum noch Juckreiz im Gehörgang
- keine Stoffwechselagglutinate in den Mandeln (Tonsillarpfropfen)

Nach weitgehend gelungener Regeneration/Wiederaufbau/Erholung des Mikrobioms im Darm:
- bessere Stuhlkonsistenz und Geruch
- besserer Körpergeruch
- reineres Hautbild
- dichteres Haar

Daneben wurde diese Art der Ernährung als die wirkungsvollste Prophylaxe vor Krankheiten und als Weg zu dauerhafter Gesundheit und Anti-Aging beschrieben (Quelle: Jutta Poschet, in den USA schon Anfang der 90er): *»… dauerhafter Weg zum Normalgewicht – mit dieser Ernährung kann man kein Übergewicht entwickeln, bestehendes Übergewicht dürfte mit der Zeit bei konsequenter Disziplin und genauer Kontrolle der Nahrung verschwinden …«*

Zumindest wird ja erst heute langsam wissenschaftlich nachgewiesen, wie wichtig ein gesundes und stabiles Mikrobiom für die Immunabwehr ist, es ist ein wichtiger Teil des Immunsystems. Als dieses sollten wir es pflegen, achten und respektieren – gerne auch lieben, denn schaden kann das sicher nicht.

Mehr dazu kann man z. B. wiederum in Giulia Enders *Darm mit Charme* nachlesen. Ich habe aus diesem Buch nicht nur viel gelernt, sondern so manche meiner Vermutungen wurden auch bestätigt.

Mir ist bewusst, dass ich alleine nie repräsentativ für alle sein kann. Auch bin ich von der Natur vielleicht sogar ein bisschen bevorzugt worden. – Stichwort *gute Gene*: Ich neigte nie zu Übergewicht bzw. halte mein Gewicht mühelos konstant. Es wird mir zwar ein schwaches Bindegewebe bescheinigt, was jedoch den Vorteil der relativ guten Dehnbarkeit hat, aber ich neige nicht zu Cellulite und habe mich noch nie verletzt (Frakturen, Bänderrisse etc.), trotz zeitweise intensiver körperlicher Aktivität wie Radfahren, Motorradfahren, Skifahren, Skaten, Klettern, Schlittschuhlaufen, Joggen, Turnen, handwerkliche Ausbildung usw., was nie ohne die eine oder andere Havarie abläuft. Trotzdem finde ich es nicht undenkbar, dass meine Art der Ernährung und die Einhaltung der Rotationsdiät seit nunmehr zehn Jahren mir auch dabei hilft. Obwohl ich die völlige Degeneration der Darmschleimhaut erleben und somit befürchten musste, eine chronisch-entzündliche Darmerkrankung zu entwickeln, konnte ich das bis heute vermeiden.

Was tun bei Einladungen/Restaurantbesuchen?

Lange Zeit waren Einladungen ein Problem. Auch bei Restaurantbesuchen ist es sehr wichtig, genau aufzupassen und konzentriert nachzufragen. So musste ich z. B. immer wieder feststellen, dass das Personal – sowohl der Service aber auch, was umso erschreckender ist, die Küche – nicht zu wissen scheint, dass es sich bei Butter, Sahne, Creme fraiche oder Butterschmalz um Milchprodukte handelt. Immer wieder bekam ich Speisen mit solchen Inhaltsstoffen serviert, obwohl ich klare Anweisungen gegeben hatte. Ähnlich verhält es sich mit Weizenmehl: Wer würde aber auch vermuten, dass in industriell hergestelltem Kartoffelsalat Weizenmehl als Bindemittel verwendet wird. (Wer braucht im Kartoffelsalat ein Bindemittel? Die können wohl alle nicht kochen!)

Allerdings habe ich auch Experimente mit wechselndem Erfolg gemacht, die auf jeden Fall immer äußerst interessant waren: Wenn ein Restaurantbesuch, meist im Rahmen einer Feier anstand, von dem ich längere Zeit im Voraus wusste, habe ich mit dem Küchenchef Kontakt aufgenommen und anhand meines kompletten Plans von Lebensmitteln, die ich an diesem Tag essen durfte, mit ihm ein Menü erarbeitet. Da habe ich doch einige interessante und wohlschmeckende Überraschungen erlebt. In der Mehrzahl der Fälle waren die Köche allerdings eher wenig kreativ, wenn es darum ging, mit unkonventionellen Mitteln Geschmack an ein Gericht zu bekommen. Die allgemein üblichen Geschmacksträger wie Sahne, Käse usw. – ganz besonders gern in der vegetarischen Küche verwendet –, aber auch fertig gemischte Würzmittel oder Soßen können dann ja nicht verwendet werden. Aber je nach Restaurant und Küchenniveau lohnt sich ein Versuch auf alle Fälle.

Zusätzlich bot mir diese Strategie den Vorteil, dass ich nicht vor der versammelten Mannschaft meine ganzen Unverträglichkeiten erklären musste, was mir teilweise oder nach zigfacher Wiederholung einfach unangenehm bis peinlich war. Das sollte es aber nicht und genau deswegen berichte ich hier über alle meine Erlebnisse, Probleme und Erfahrungen, um anderen Betroffenen Mut zu machen. Je öfter wir in Restaurants die Küche bitten, Speisezutaten genau anzugeben und zu reflektieren oder Gerichte gemäß der erforderlichen Diät zuzubereiten, umso normaler und alltäglicher wird das für uns alle, sodass es uns Betroffenen eben nicht mehr peinlich zu sein braucht. Sehr schön finde ich in diesem Zusammenhang übrigens die vegane sowie die Clean-Eating-Bewegung, der wohl auch zu verdanken ist, dass bei uns nun teilweise auch Kaffee oder Latte macchiato mit Sojadrink angeboten wird.

Unterwegs im In- und Ausland

Die Erfahrungen mit der Krankenhausküche und den Restaurants weisen auch den Weg, wie es für Berufstätige und Urlauber möglich ist, die Rotationsdiät einzuhalten.

Ich konnte es mir glücklicherweise in den ersten schwierigen Jahren so einrichten, dass ich meine beruflichen Tätigkeiten außer Haus immer nur in Teilzeit ausgeübt habe. So konnte ich es immer so einteilen, dass ich mir die Hauptmahlzeiten daheim zubereiten konnte. Schwieriger ist das natürlich bei Vollzeittätigkeit außer Haus, aber auch dann braucht man sich nicht davon abhalten zu lassen, die genaue Kontrolle aller gegessenen Produkte und die Rotation zu praktizieren. Womöglich ist es genau das, was es jemandem ermöglicht, überhaupt seiner beruflichen Tätigkeit weiter nachzugehen und einem dauerhaften Krankenstand oder sogar einer Berufsunfähigkeit wegen chronischer Darmerkrankung vorzubeugen. Ich war auf jeden Fall kurz davor und wünsche mir sehr, dass andere Betroffene davon verschont bleiben, weil ich mir nur wenig vorstellen kann, was ich noch scheußlicher finde.

Für diesen Fall empfehle ich, sich ebenso den Rotations- und Ernährungsplan zu erstellen. Speisen vorzubereiten und mitzunehmen ist eine Möglichkeit. Eine andere, sich vor Ort einen vertrauenswürdigen Partner zu suchen (im Falle einer festen Arbeitsstelle). Sicher gibt es hier eine Kantine oder ein Lokal, wo sich mit dem Chef ein vertrauensvolles Gespräch führen lässt. Es lässt sich bestimmt eine Möglichkeit finden, dass bestimmte Produkte in die Speisekarte eingebaut werden oder andere einzeln angeboten werden, sodass sich sowohl der wichtige Rotationsgrundsatz als auch das Weglassen kritischer Produkte weiterhin praktizieren lässt. – Vom Beginn meiner Diät bis zu dem Zeitpunkt, als ich den Plan auswendig kannte – und das hat lange gedauert – habe ich mir für solche Gelegenheiten laminierte Kärtchen für jeden Tagesplan im handtaschentauglichen aber noch lesbaren DIN-A6-Format gemacht, die ich dann immer vorzeigen oder hinterlegen konnte.

Es kann auch passieren, dass beim einen oder anderen Koch Sportsgeist und Berufsehre geweckt werden und dann können neue und interessante Anregungen dabei herauskommen. Drum kann ich nur sagen: Ein Versuch lohnt sich immer!

Im Urlaub war es ein sich entwickelnder Prozess und anfangs schwierig. Im Ausland, wo auch noch die Sprachbarriere dazukommt, bin ich nach meinen Erfahrungen mit deutschen Restaurants kein Risiko mehr eingegangen: Wir waren entweder beim Camping mit eigener Küche oder ich habe Appartements und Ferienwohnungen mit Küche gebucht und alle wichtigen Zutaten selbst mitgebracht, von denen ich nicht wusste, ob ich sie vor Ort bekommen würde. Das beinhaltete:

- alle Getreide (Quinoa, Hirse),
- mein Brot (Pfisterbrot in Scheiben geschnitten, doppelt in Brotseide eingewickelt, in Gefriertüten eingefroren und erst bei der Abreise aus der Gefriertüre genommen, so hält es sich ein bis zwei Wochen)
- verschiedene Sorten Essig
- verschiedene Öle
- Gewürze

- Margarine
- Nüsse und Saaten
- Trockenfrüchte
- verschiedene Sorten Tee
- Trockenmischungen für Buchweizenbratlinge und Quinoasuppe von *Bulla*

Die frischen Zutaten gibt es überall vor Ort und mit den mitgebrachten Ergänzungen bin ich autark, unbesorgt und zufrieden.

Kühlungstechnisch ist es natürlich in der Ferienwohnung mit Küche am einfachsten. Auf den verschiedenen gemieteten Segelbooten mit Pantry war immer ein Kühlfach da, meist auch zwei (es müssen ja die Biervorräte kühl gelagert werden können). Zwar werden die Kühlschränke während der Segelphasen ausgeschaltet, weil sie zuviel Strom verbrauchen, wenn nicht unter Maschine gefahren wird, aber der Kühleffekt hat bis jetzt immer ausgereicht.

Beim Camping – wir waren immer mit dem Zelt unterwegs – hatten wir eine Kühlbox mit Elektroanschluss und Peltierelement. Seit wir Anfang der 1990er-Jahre angefangen haben zu zelten, wurden die Campingplätze immer komfortabler und schon seit vielen Jahren findet man keine Parzelle mehr ohne Stromanschluss. So haben wir nach und nach von Gas auf Elektro umgestellt. Die Kühlbox reichte für die wichtigsten Produkte aus. Wir haben gesehen – wenn auch noch nie selbst probiert –, dass z. B. in Italien auch Kühlschränke auf dem Campingplatz vermietet werden. Im Land der Großfamilien, die häufig sogar mit eigenem Küchenzelt anreisen, kommt dann ein winziger Pick-up an der Parzelle vorgefahren und lädt den Mietkühlschrank ab – für uns anfangs enorm lustig und sogar ein bisschen kurios, für Italiener essenziell und völlig normal.

Bei Kochverdruss oder Faulheit finden sich mittlerweile – nachdem ich einen langen Weg hinter mir habe und in der Lage bin, auch mal Kompromisse einzugehen – vor Ort immer einige Alternativen, sodass wir auch dann und wann auswärts essen können. Mit den Jahren entspannte sich die Lage, sodass einige Tage *Durcheinanderessen* mir nicht mehr sehr schaden. Spätestens nach einer knappen Woche brauche ich aber wieder meine Routine, sonst stellt sich immer größeres Unbehagen ein.

Sehr interessant fand ich die Erfahrungen, die ich in den letzten Jahren besonders in Dänemark und Schweden machen konnte: Hier gibt es eine viel zeitgemäßere Einstellung gegenüber allen Ernährungsalternativen als bei uns. So fällt es nicht schwer, Kuhmilchalternativen und vegane Varianten zu finden. Es ist so alltäglich, dass sie es oft nicht einmal mehr für notwendig halten, darauf hinzuweisen. Wir brauchten nur danach zu fragen und schon wurde mir mit der größten Selbstverständlichkeit Sojadrink angeboten, Mandeldrink oder vegane Speisen – alles, was man sich nur wünschen könnte, fast überall; ein richtiges Veganer-Paradies.

Vereinbaren der Diät mit der Familienküche

Nicht unerwähnt lassen möchte ich in diesem Zusammenhang, was meine Familie mir für einen Rückhalt geboten hat, für den ich auch heute noch sehr, sehr dankbar bin!

Als ich mit der Diät anfing, war unser Sohn zwar schon 20, unsere Tochter 15 Jahre alt und sie konnten sich natürlich selbst ihr Essen machen, aber trotzdem tut der Familie, solange die Kinder noch zu Hause leben, gemeinsames Kochen und Essen einfach gut. Darauf mussten wir nun jedoch verzichten. Der Aufwand, mein Essen und das für die Familie zuzubereiten, ist nicht unerheblich. Ich bin ja nun keine Vollzeithausfrau. Dazu kam, dass meine Familie, je länger meine Diät dauerte und je mehr sie erlebten, was ich mir kochte und was ich aß, mir immer weniger zutraute, noch einen *normalen* Geschmack zu haben. Natürlich möchte ich nur ungern und vorsichtig abschmecken und kosten, was mit Milchprodukten zubereitet ist. Heute gehe ich damit entspannter um, manchmal, wenn ich z. B. etwas mit Käse oder anderen Milchprodukten essen will, nehme ich davor Laktosestopper ein, häufig verzichte ich aber auf diese, zumal es nur bedingt etwas bringt (wie vor schon beschrieben setzt mir nicht allein die Laktose zu, sondern auch das Kasein – das Milchprotein).

Also führten wir nach und nach ein, dass jeder sein Essen selbst zubereitet. Mein Mann hat schon immer gern gekocht. Auch entscheidet er oft sehr spontan, was er essen möchte und nicht immer geht das mit meinen Plänen konform, sodass er auch in diesen Fällen selbst zum Kochlöffel greift. Dann bereitet er sein Essen selbst zu und fragt manchmal auch die Kinder, je nachdem, ob sie da und gerade hungrig sind (ihr Lebens- und Essensrhythmus unterscheidet sich naturgemäß teilweise sehr stark von unserem). Manchmal koche ich aber dennoch für alle, z. B. Kartoffelgratin oder Lasagne. Dann bereite ich eine Ecke so zu, dass auch ich sie unbesorgt essen kann (z. B. ohne Sahne, ohne oder mit anderem Käse – z. B. gibt es *veganen Käse*, lange nicht so lecker wie richtiger, er kann aber eine Alternative sein, z. B. zum Überbacken). Oder Kartoffelsalat und Fisch, was ich ja immer an Tag 2 esse. Das können und wollen oft alle mitessen. Grundzutaten wie Kartoffeln, Reis, Nudeln, Salat werden meist in größeren Mengen vorbereitet, sodass sich dann jeder nach seinem Geschmack und Zeitempfinden schnell eine Mahlzeit daraus zubereiten kann.

Irgendwann in dieser Zeit haben wir auch ein Mikrowellengerät angeschafft, obwohl ich den Dingern gegenüber lange kritisch eingestellt war, ohne konkret sagen zu können, warum genau. Es hat sich aber als so praktisch für uns erwiesen, dass wir alle uns sehr schnell daran gewöhnt haben und niemand von uns mehr darauf verzichten möchte. Bei all den Handys, DECT-Telefonen und WLANs, die uns umgeben, brauchen wir uns vor dem Mikrowellenofen auch nicht zu fürchten. H-Milch ist ohnehin schon stark denaturiert, da macht die Mikrowelle keinen Unterschied mehr.

Ansonsten jedoch bewundere ich meine Familie sehr und bin allen äußerst dankbar dafür, dass jeder von ihnen sich sein Essen selbst macht. Ich motiviere, erinnere, mache Vorschläge und wir kochen auch gleichzeitig oder essen manchmal gemeinsam, je nachdem, was der Alltag zulässt, aber ich bin froh über die Rücksichtnahme, die Toleranz und den Gleichmut, mit dem meine Lieben diesen Mehraufwand hinnehmen.

ANMERKUNGEN UND ERLÄUTERUNGEN

Ein paar Tipps

Was ist bei unklaren Bauchbeschwerden zu tun:
Bauch abtasten. Kritisch wird es, wenn sich die sogenannte *Abwehrspannung* zeigt, d. h. die Bauchdecke ist angespannt – *bretthart* und wahrscheinlich auch berührungsempfindlich –, dann unbedingt sofort den Notarzt rufen.

Bei wirklich schlechtem Allgemeinempfinden oder starken Schmerzen kann ich nur dringend empfehlen, den Notruf zu wählen!
Faustregel:
Wenn die Nachtruhe durch Schmerzen stark gestört wird, ohne dass die Ursache bekannt ist oder wenn Flüssigkeits- oder Nahrungszufuhr über mehr als zwölf Stunden oder über Nacht nicht möglich sind bzw. nichts drin bleiben will.
Diese Fälle können sich unerwartet schnell zu lebensbedrohenden Situationen entwickeln. Besonders wenn man auf sich allein gestellt ist, hat man keinerlei Urteilsvermögen mehr und ist nicht mehr in der Verfassung, sinnvolle Entscheidungen zu treffen. Zumindest war das bei mir bereits zwei Mal so! Deshalb finde ich es in einer solchen Situation in jedem Fall gerechtfertigt und dringend erforderlich, die Nothilfe in Anspruch zu nehmen.
Dazu kommt, dass die Einlieferung in die Klinik mit dem Rettungswagen schon von Haus aus als Notfall behandelt wird. Wenn man sich aber privat in die Notaufnahme schleppt, ist das anders und unter Umständen muss man ewig warten und darum kämpfen, überhaupt behandelt zu werden.

Verpflegung in der Klinik

Faustregel:

Man kann sich auf nichts verlassen noch darf man etwas voraussetzten oder auf Diätkompetenz vertrauen! Deshalb ist es unverzichtbar, die Ernährung während des stationären Aufenthalts genau zu kontrollieren. Lieber alles hinterfragen, als später unter vermeidbaren Problemen zu leiden.

Anmerkung:

Auch nach über zehn Jahren Rotationsdiät schleicht sich Gewohnheit und Nachlässigkeit ein.

Milchprodukte

Wir können uns **nie** darauf verlassen, dass keine drin sind. Abgesehen von Bratkartoffeln, die gerne in Butter geschwenkt werden, ist mir das unlängst auch bei *Spaghetti Aglio e Olio* passiert, wo Sahne zugefügt worden war. – Wer würde hier etwas anderes als Olivenöl oder maximal noch Parmesan vermuten?

Helicobacter pylori

Man sollte daran denken das abzuklären, wenn man andauernd unter Magenschmerzen und Brennen in Speiseröhre und Magen leidet. Und nicht vergessen: Helicobacter (wie auch Karies) können ansteckend sein. Über Kontakt können andere Personen betroffen sein, besonders Partner und Kinder.

Darmpilz

Bei dauernden Bauchschmerzen, Durchfall, ständigen Blähungen die schlecht riechen, ungeformter Stuhlkonsistenz, auch mit Luftbeimengung, könnte der Anteil an Darmpilzen erhöht sein. Auch wenn ein Laborbefund des Stuhls kein auffälliges Ergebnis zeigt, ist es trotzdem denkbar, dass eine Behandlung sinnvoll sein könnte, was dann nur von naturheilkundlich arbeitende Therapeuten, z. B. mittels kinesiologischem Muskeltest, festgestellt werden kann.

Dies und das über verschiedene Lebensmittel

Amaranth, Hirse, Buchweizen, Mais/Polenta und *Quinoa* sind ebenso wie *Gerstenschrot* für mich die *Platzhalter* bzw. Ersatz für Weizen/Roggen an den übrigen drei Tagen. Man bekommt es in vielen Bioläden, Drogeriemärkten und in einigen Supermärkten, dort meist in der Öko- oder Gesundheitsecke.

Über die Eigenschaften und den physiologischen Nutzen dieser Produkte – bei manchen handelt es sich nicht um Getreide – gibt es reichlich Literatur. Wichtig ist mir aber zu erwähnen, dass sie allesamt höherwertiger, gehaltvoller und besser bioverfügbar sind als unsere bekannten Getreidesorten. Allein das ist ein Grund, einen Versuch zu machen!

Tsampa stammt aus Tibet und wird aus geröstetem Gerstenmehl hergestellt. Traditionell wird es mit Butter zu kleinen Bällchen geknetet und gegessen. Geht auch mit Margarine und *Vitam* und kann auch als Suppe zubereitet werden.

Sojadrink/Milchsubstitution: Grundsätzlich sind die unfermentierten Sojaprodukte wie Sojadrink oder Tofu bei Weitem nicht so *gesund* wie es immer dargestellt wird. Auch in China, Japan usw., von wo immer berichtet wird, dass der Konsum an Sojaprodukten sehr hoch sei, was sich sehr positiv auf die Gesundheit und insbesondere auf die Brustkrebshäufigkeit auswirken soll, werden zum großen Teil fermentierte Sojaprodukte verwendet. Es gibt bei uns z. B. *Miso* und fermentierte Sojasoße. Ich verwende sie anstelle von *Maggi* zum Würzen – erstaunlicherweise sind die Inhaltsstoffe, soweit deklariert, identisch. Da es bei mir an Tag 4 passt, an dem kein Getreide vorkommt, verwende ich ausschließlich *Tamari*; *Shoyu* enthält Weizen.

Sojadrink gibt es natural, gesüßt, mit Calziumzusatz und mit Kunstaroma. Ungesüßt schmeckt sie mir nicht, ebenso wenig in Schoko oder Vanille. Ich bevorzuge die Produkte von *Alpro*, den Sojadrink gibt es auch in Bioqualität und sie versprechen Grundstoffe aus gentechnikfreiem Anbau.

Nach der Behandlung bei Frau Dr. Flade trinke ich guten Gewissens öfter Kaffee, rotiere aber je nach Tag zwischen Reisdrink (Tag 1), Sojadrink an Tag 2 und Haferdrink an Tag 3. Besonders streng achte ich darauf, ja nicht zu häufig Sojadrink und Sojaprodukte zu konsumieren.

Fett/MCT (mittelkettige Triglyceride bzw. medium-chain-triglycerides): Ich habe die Margarine von *Neuform* (*mct-basis-plus*) verwendet. Sie war ausschließlich im Reformhaus erhältlich, sehr lecker, aber nicht hitzebeständig. Es gab auch Öl. Das Produkt gehört jetzt der Firma *Dr. Schär Medical Nutrition GmbH* und heißen nun *Ceres 100 % MCT Öl* und *Ceres 77 % MCT Öl* sowie *Ceres 83 % MCT Margarine*.

Margarine: Die von mir verwendete *Vitasieg* (von *Vitaquell* aus dem Reformhaus) wird aus rein pflanzlichen Grundstoffen hergestellt, enthält somit anders als die meisten Margarinen keine Milchprodukte, keine gehärteten oder raffinierten Fette und ist nicht umgeestert, außerdem für mich sehr gut verträglich und schmeckt mir sehr gut. Sie kann auch zum Kochen und Backen verwendet werden. Natürlich ist Margarine hinsichtlich der Rotation immer ein Kompromiss, sie enthält grundsätzlich zu viele Inhaltsstoffe, aber ich bin trotzdem damit besser zurechtgekommen als beispielsweise mit Butter, ganz darauf zu verzichten war für mich undenkbar. Eine Scheibe Brot mit was drauf ist nun mal was Feines, besonders wenn man es sich nur zweimal die Woche gönnt.

Öl: Ich verwende, soweit möglich, nur sortenreine Öle, wenn es geht in Bioqualität. Olivenöl bekomme ich von *Mani Bläuel* aus Griechenland, dazu Kalamata-Oliven im 3-Kilo-Kanister, eingelegt in 1,5 l Olivenöl. Somit habe ich immer die besten Oliven und das beste Olivenöl.

In dem Zusammenhang muss ich anmerken, dass ich es ziemlich absurd finde, dass Oliven fast nie in Olivenöl eingelegt werden, sondern meistens in – wesentlich preisgünstigeres – *Pflanzenöl* (diese Bezeichnung gilt für einen nicht sehr hochwertigen Mix verschiedener Öle meist pflanzlicher Herkunft und macht keine Aussage über den genauen Inhalt). Im günstigeren Fall werden Oliven z. B. in Sonnenblumenöl eingelegt. Beides ist geschmacklich und qualitativ nicht von Vorteil für das Produkt, aber für die Gewinnmarge. Ich lehne das ab und versuche, es zu vermeiden, wo ich kann.

Schwierig finde ich, dass es Maiskeimöl bei uns praktisch nur von *Mazola* gibt. Es wird nicht angegeben, dass der Mais nicht genetisch verändert wurde, somit würde ich das lieber meiden, die Sorte ist mir aber zu wichtig, weil sehr lecker. In Österreich, Spanien, Kroatien, Frankreich – eigentlich überall sonst wo ich war – gibt es da wesentlich mehr Auswahl. Ich bringe aus dem Urlaub fast immer Maiskeimöl mit.

Distelöl ist eine Alternative für Tag 4, ansonsten fast geschmacksneutral. Dafür gibt's das in jedem Supermarkt.

Als vierte Sorte verwende ich Sonnenblumenöl, selten auch Rapsöl, das mir nicht sehr gut schmeckt. Selten zu bekommen aber sehr lecker finde ich auch Erdnussöl.

Ansonsten verwende ich alternativ auch gelegentlich Kürbiskernöl, Leinöl, Walnussöl, Kokosöl oder selten Schwarzkümmelöl.

Essig – die meisten arbeiten mit höchstens zwei Sorten, ein Weinessig und vielleicht noch Balsamico. Wegen der Rotation habe ich mir vier verschiedene Sorten ausgesucht, die bestmöglich zum jeweiligen Tag passen: Tag 1: Apfelessig – ich liebe naturtrüb. Tag 2: *Altmeister*, ein Weinessig, der mir mit seiner Gewürznote am besten im Kartoffelsalat schmeckt. Tag 3: Kirschessig von *Bulla*. Tag 4: Balsamico oder Essigessenz. So kommt der Essig auf Wein-/Branntweinbasis nur jeden zweiten Tag vor.

Protein (Eiweiß): Fisch mag ich eigentlich aus mehreren Gründen nicht sehr, nur noch sehr selten verwende ich deshalb Thunfisch und wenn, dann möglichst aus nachhaltigem schonendem Fang. Recht sinnvoll finde ich aber Lachs, besonders mag ich Wildlachs aus dem

Pazifik (möglichst MSC-zertifiziert) bzw. Räucherlachs. Fisch aus Zucht schmeckt mir lange nicht so gut, auch finde ich es, was Futter und Haltungsbedingungen betrifft, nicht so transparent, das gilt auch für die Bio-Fischzucht.

Bei Eiern ist es ähnlich wie mit Fisch: Ich sehe mich eher gezwungen, sie in mein Menü einzubeziehen, ohne fehlt mir persönlich das leicht verwertbare Protein, denn Hülsenfrüchte kann ich nur in sehr begrenztem Umfang zu mir nehmen. Auch bei Eiern achte ich möglichst auf die Herkunft – ich finde nur Biohaltung akzeptabel.

Vom Standpunkt der vollwertigen Ernährung aus gesehen sehe ich mich leider außerstande, auf Fisch und Eier zur Proteinergänzung zu verzichten. Mir fehlt dann etwas, ich habe das Gefühl, nicht satt zu sein. Ohnehin gibt es das ja nur zweimal wöchentlich.

Hülsenfrüchte sind für Veganer neben Hirse, Quinoa, Nüssen und Saaten eine wichtige Proteinquelle. Allerdings habe ich schon bei Sojadrink und Tofu, aber ebenso bei Erbsen, Bohnen und Linsen Probleme, diese zu vertragen. Sie verursachen leicht Völlegefühl, Luft im Bauch, Blähungen und schon beim Essen kann ich keine größeren Mengen bewältigen. Besonders gern mag ich ja die weißen Bohnen. Die bekommt man ja nur getrocknet oder in Dosen. Letztere haben mehrere Nachteile: höherer Preis, schlechtere Dosierbarkeit (wenn die Dose offen ist, sollte die Menge auch bald verbraucht werden, da sie geöffnet nicht unbegrenzt haltbar sind) und häufig unerwünschte Zusatzstoffe im Sud. Deshalb bevorzuge ich die Trockenvariante. Diese müssen aber für die bessere Verträglichkeit (und zur Verkürzung der Kochzeit) für mindestens zwölf Stunden (am besten über Nacht) in kaltem Wasser eingeweicht werden. Das Gleiche gilt für Linsen und Trockenerbsen. Besser verträglich sind grüne Bohnen und frische Erbsen. Beides verwende ich meist tiefgekühlt.

Beim Kochen der Trockenware kann auch der Zusatz von etwas Natronpulver helfen. So werden sie schneller weich und besser verträglich. Kurz nach der Zugabe muss man aufpassen: das Wasser schäumt auf und kann leicht überkochen – gibt eine Sauerei. Für bessere Verträglichkeit sollen das Quell- und Kochwasser nicht weiter-verwendet werden. Auch etwas Essig und Gewürze können helfen, die Verträglichkeit zu verbessern. Am besten ausprobieren, was gut ver-träglich ist.

Wenn ich doch weiße Bohnen und Linsen aus Konserven verwende, koche ich insgesamt eine größere Menge und friere ein, was übrig ist.

Die übliche Empfehlung, dass die Verwertbarkeit pflanzlicher Proteine durch verschiedene Kombinationen wie Kartoffeln und Milchprodukte verbessert werden kann, ist rotationstechnisch gemäß den Pflanzen-familien schwierig anwendbar. Das mag aber individuell unterschied-lich sein.

Würzen : Ich verwende Gewürze möglichst einzeln und versuche, je Speise nur wenig verschiedene zuzufügen, sodass die Anzahl der Zutaten insgesamt nicht zu hoch wird: Salz, Pfeffer (frisch gemahlen), Kräuter getrocknet oder gefroren aber meist einzeln (Schnittlauch, Petersilie, Basilikum, Majoran, Oregano, Salbei, Thymian, Kümmel, Koriander, *Tamari* oder *Maggi*, *Frugola* (gekörnte Brühe aus dem Re-formhaus, sehr salzig, auf Hefebasis ohne Glutamat), Senf, Meerret-tich …). Viele dieser Gewürze wirken anregend auf den Verdauungs-prozess, beruhigend auf die Darmschleimhaut oder auf das vegetative Nervensystem. Gewürze enthalten zahleiche Substanzen wie ätheri-sche Öle, die einen subtilen Einfluss auf den Stoffwechsel haben, wie z. B. aus dem Ayurveda bekannt ist.

Zucker brauche ich fast nie, weil ich nichts Süßes mag. Der Heißhun-ger auf Süßigkeiten legt sich vielleicht auch mit der Zeit, wenn die üb-rigen Beschwerden wie Pilzbefall im Darm und Unverträglichkeiten verschwinden bzw. therapiert wurden.

Allgemein sehe ich es als vorteilhaft an, den Verbrauch an weißem Industriezucker weitmöglich einzuschränken, weil ich die Meldungen über negative Auswirkungen des Zuckerkonsums für sehr wahrschein-lich halte. Sehr wahrscheinlich hat auch jeder von uns eine unterschiedliche Toleranz und Reaktion, was Substanzen und deren Mengen angeht. Leider werden wir in unserer Gesellschaft schon von klein auf an den Genuss sehr süßer Speisen gewöhnt und auf die positive Verknüpfung im Zusammenhang mit Süßigkeiten konditioniert, schon aufgrund unserer Lebensmittel, die in den allermeisten Fällen Zucker enthalten, teils nicht deklarationspflichtig oder in immer neuer Art verschleiert. Deshalb kann ich nur Vorteile darin sehen, den Konsum soweit wie nur möglich einzuschränken – keine süßen Getränke, wenig nachsüßen, alternative Süßungsmittel wie *Stevia*, Honig, Sirup von Ahorn, Agave usw., wobei man auch hier wieder genau hinschauen muss: Viele Sirups wie z. B. Grenadinesirup bestehen aus einem Mix aller möglichen Sorten!

Schaden kann Zuckerverzicht jedenfalls nicht. Unterzucker kommt nicht von zu wenig weißem Zucker, sondern von zu wenig bzw. niederwertigen Kohlehydraten.

Trockenfrüchte: Auch wenn sie nicht empfohlen werden, da sich auf der Oberfläche nicht sichtbare Pilzkulturen befinden können, möchte ich nicht ganz darauf verzichten. Ich achte auf die Herkunft und verwende nur Produkte in Bioqualität, weil hier von Haus aus auf Chemie (Pestizide) und Schwefelung (zum Farberhalt – ungeschwefelte Produkten sind auch an ihrer bräunlichen Farbe zu erkennen) verzichtet werden muss.

Auch hier noch einmal: Der Pilzbefall auf der Oberfläche von Trockenfrüchten könnte problematisch werden. Es ist nicht bekannt, ob hierdurch der Darmpilzbefall begünstigt werden kann, deshalb besser nur wenige essen. Abwaschen/abbürsten könnte helfen.

Ist das Mikrobiom des Darms im Gleichgewicht, so ist das Immunsystem wahrscheinlich in der Lage, mit solchen Problemen fertig zu werden.

Weitere Anmerkungen

Allergie/Intoleranz (Unverträglichkeit)

1993 wurde ich von Frau Dr. Flade zum ersten Mal über den Unterschied zwischen Allergie und Unverträglichkeit aufgeklärt:

Allergien wirken sich direkter, unmittelbarer und schneller mittels drastischeren Symptome aus und zeigen sich relativ bald nach dem Kontakt mit dem Auslöser, sodass wir ziemlich schnell und ziemlich konkret bemerken, was wir nicht vertragen. So stellen wir oft selbst fest, worauf wir reagieren. Dies kann zwar sehr gefährlich sein (bis hin zum anaphylaktischen Schock mit tödlichem Ausgang), hat aber den Vorteil, dass es sich oft mit verschiedenen anerkannten Testmethoden nachweisen lässt (z. B. Kontakttest, Pricktest, Blutbefunde).

Anders äußert sich eine Unverträglichkeit. Der Organismus kann eine gewisse Menge in nicht zu großer Häufigkeit tolerieren. Kommt der Kontakt aber zu oft vor, manifestiert sich mit der Zeit eine Reaktion. Diese tritt verzögert auf, also nach mehreren Stunden oder auch erst nach Tagen. Wir beginnen in zunehmendem Maße unter diffusen Beschwerden zu leiden, die ganz schwer konkreten Ursachen zugeordnet werden können, sodass wir, selbst wenn wir darauf gekommen sind bzw. den Verdacht hegen, dass es sich um eine Nahrungsmittelunverträglichkeit handelt, sehr schwer eingrenzen können, was der Auslöser ist.

Wie schon an anderer Stelle erwähnt, sind manche Produktgruppen bekannt dafür, besonders häufig Unverträglichkeiten auszulösen, wie Getreide:

- Weizen und Roggen, auch Dinkel
- Milchprodukte
- Lebensmittel mit hohem Histamingehalt
- viele Obstsorten
- Fisch
- Tomaten

- Karotten
- Sellerie
- Zitrusfrüchte
- Nüsse
- Hülsenfrüchte, auch Sojaprodukte können dazu gehören
- Bananen.

So könnten wir zwar auch auf Verdacht die *Auslassdiät* praktizieren und Produkte, von denen wir vermuten, dass sie Probleme verursachen, eine Zeit lang meiden. Ohne Testergebnisse kann dieses Fischen im Trüben allerdings äußerst schwierig, zermürbend und langwierig sein. Ein Erfolg kann nicht garantiert werden.

Es mag noch einfach sein, Milchprodukte eine Zeit lang zu meiden. Allerdings ist das für Menschen, die sich nicht sehr intensiv mit Ernährung und der Zusammensetzung von Nahrungsmitteln auseinandersetzen, schon äußerst schwierig und mit großer Mühe und hohem Aufwand verbunden. Man muss wirklich bei jedem Produkt die Deklaration der Inhaltsstoffe genau studieren. Gewisse Lebensmittelgruppen verstecken sich hinter einer Vielzahl von Bezeichnungen, z. B. kann Milch in Form von Laktose, Sahne, Molke, Molkepulver, Milcheiweiß, Joghurt, Joghurtpulver etc. in allen möglichen Produkten enthalten sein. Mit der Zeit können wir bei aufmerksamem Konsum ein Gespür dafür entwickeln, welchen Erzeugern und Produktgruppen wir generell nicht trauen dürfen und wo wir voraussetzen können, dass von uns unerwünschte und nicht vertragene Inhaltsstoffe enthalten sind. Aber trotzdem gibt es immer wieder Überraschungen, die wir nicht erwarten, z. B. im Restaurant.

Noch schwieriger wird es, wenn der Verdacht besteht, dass man kein Getreide verträgt. Zunächst einmal basiert unsere übliche Ernährung zu einem Großteil auf Getreideprodukten, die größtenteils aus Weizenauszugsmehl hergestellt werden, u. a.

- Brot, Brötchen, Baguettes
- Kuchen, Kekse

- Nudeln, Spätzle, Knödel
- Pizza
- Pfannkuchen, Wraps

Es gibt eigentlich nichts, was man *to go* kaufen kann, sei es in Kantine, Imbiss, Foodtruck etc., wo kein Weizenauszugsmehl drin ist. Der normale Mensch steht ratlos da und fragt sich: Was soll ich denn dann essen? Hinzu kommt, dass kaum noch jemand von uns die häufigsten Getreidesorten kennt oder unterscheiden kann. Dabei macht es schon vom Nährwert her und auch was die Verträglichkeit betrifft einen Unterschied, ob wir Hafer, Roggen oder Dinkel essen.

Von den versteckten und häufig völlig unerwarteten und überraschenden Zutaten in manchen Fertigprodukten will ich hier gar nicht erst anfangen, z. B. in Kartoffelsalat, Balsamico-Dressing oder Pesto. Wer ahnt, dass in Rotwein Eiklar oder Proteine aus Fischblasen zur Klärung verwendet werden, also somit Spuren davon enthalten sind? Es versteht sich von selbst, dass auch der Biowinzer aus Preisgründen wohl eher das preisgünstige Flüssig-Ei aus Massentierhaltung verwenden dürfte, statt der teureren Bio-Eier. Oder dass im Fruchtsaft – und übrigens ebenso auch im Rotwein – Gelatine enthalten sein kann, die nicht deklariert werden muss? So viel zum Thema versteckte Zutaten.

Genau daher könnten unsere Probleme heutzutage kommen: Früher bestand die Ernährung in dem, was saisonal verfügbar war: Getreide gab es zwar fast immer in Form von Brot oder Brei, alle anderen Nahrungsmittel waren aber aufgrund begrenzter Lagermöglichkeiten nur zeitweise verfügbar, also z. B. Kartoffeln ab August bis der Keller leer war. Das war, wenn man Glück hatte, spätestens im Frühjahr der Fall, denn der Rest musste wieder zur Aussaat verwendet werden. So aß man zwar in der Wintersaison häufig Kartoffeln, dafür aber dann ein halbes Jahr lang überhaupt nicht. Dasselbe gilt für Erdbeeren (Ende Mai bis Anfang Juli), Gurken, Karotten, Salat usw. Zitrusfrüchte, die ja bekanntlich ein hohes Allergiepotenzial haben, gab es für unsere Vorfahren fast überhaupt nicht. Das Gleiche gilt für Fisch den es, wenn überhaupt, eher selten gab – außer man lebte an der Küste. Ebenso wie Fleisch, das damals zwar im Idealfall wesentlich fetter und reichhaltiger, dafür aber sehr selten und aus artgerechter, wertschätzender, gesunder Haltung und langsamer Aufzucht stammte. So einen Luxus wie Mast mit Futter aus industrieller Erzeugung gab es nicht.

Obwohl wir also heute in größtem Wohlstand, ohne Mangel und Hunger leben und alles jederzeit bekommen können, ist unsere heutige Ernährungsweise häufig nicht so vielseitig, wie sie sein könnte – und nicht unbedingt schonend für das Immunsystem: Es muss eine ungeheure Vielzahl an verschiedenen Stoffen untersuchen, entscheiden wer Freund oder Feind ist und die Feinde erfolgreich bekämpfen. Kein Wunder, dass hier immer öfter Fehler passieren. Deshalb ist es auf jeden Fall empfehlenswert vorzusorgen – z. B. durch die Rotationsdiät.

Ist es möglich, dass wir zunehmen, weil wir für uns unverträgliche Lebensmittel essen?

Auch das kann zu den Symptomen für eine Nahrungsmittelunverträglichkeit zählen. Ein Grund dafür kann sein, dass wir oft gerade auf Produkte, die wir nicht vertragen, einen geradezu suchtartigen Heißhunger entwickeln, unser Körper jedoch nicht damit zurechtkommt bzw. wir zuviel zu schnell essen und häufig zu wenig kauen, so wie ich es auch selbst erlebt habe; da kann schnell Übergewicht die Folge sein. Ebenso allerdings Untergewicht, Übelkeit und Erbrechen, Magenschmerzen, Völlegefühl, Durchfall, Verstopfung, Blähungen, Reizdarm, Kopfschmerzen und Glieder- oder Gelenkschmerzen. Diese Symptome können so weit reichen, dass man arbeitsunfähig wird, depressiv oder anderweitig psychisch krank. Zwangsläufig kommt man auf den Gedanken, ob man sich nicht alles nur einbildet oder einfach zu empfindlich ist, wenn kein Arzt eine Erklärung für die Beschwerden hat und man keine Hilfe findet. Keiner von uns möchte ein Hypochonder sein. Letztendlich führt der Weg dann in psychiatrische Behandlung und das, obwohl körperliche Ursachen für die Probleme vorliegen.

Es ist für uns unglaublich enttäuschend und belastend und bedeutet nicht unerheblichen zusätzlichen Stress in einer ohnehin schon angespannten Situation, wenn wir unter Schmerzen leiden, Beschwerden haben und unser Leben nicht so führen können, wie wir möchten, sondern uns vor Schmerzen daheim auf der Couch krümmen bzw. einfach nicht fähig sind produktiv zu sein – und dann lässt sich medizinisch noch nicht mal eine schlüssige Erklärung für die Symptome finden. Und nur, weil die Wissenschaft noch keine Möglichkeit gefunden hat, solche Probleme nachzuweisen, kann das dazu führen, dass ein Therapeut erklärt, dass diese Beschwerden *psychosomatischer Natur* sein könnten – also man sei in gewisser Weise durch Verhaltensstörungen selbst für die Beschwerden verantwortlich, was aber psychologisch bzw. psychiatrisch behandelt werden könne. Also ich fand das immer sehr beängstigend und erschreckend. Nicht der Gedanke für sich, psychiatrische oder psychologische Behandlung zu brauchen, sondern wegen dem hilflosen Erklärungsversuch bei mangelnder Expertise: *Ist der Fachmann überfordert, muss der Patient wohl bekloppt sein, so kommt es mir vor.* Bestimmt gibt es nicht wenige solcher Patienten in psychiatrischen Kliniken. Ich möchte mir gar nicht vorstellen, wie viele Patienten sich vielleicht am Ende einer Abwärtsspirale befinden, die zunächst mit Unverträglichkeiten begonnen haben mag. Da wäre es doch wahrhaftig einfacher und im Verhältnis ein nur geringer Aufwand gewesen, vorher zu überprüfen, ob nicht eine Nahrungsmittelunverträglichkeit vorlag.

Ich bin jedenfalls jeden Tag froh, dass ich nur Milchprodukte meiden und meine Rotationsdiät einhalten muss, und überzeugt davon, dass mir ein solches Schicksal nur durch Zufall und Glück erspart geblieben ist.

Bekommen wir von Zucker und Weißmehl Verdauungsprobleme?
Das kann man so natürlich nicht sagen, aber – bei diesen Thesen gibt es fast immer ein *Aber*– eine Ernährung, die von Zucker und Weißmehl dominiert wird, ist automatisch eine Mangelernährung (dass das weitverbreitet ist, ändert nichts daran). Wenn dazu noch eine Unver-

träglichkeit vorliegt, besonders mit den beschriebenen Heißhunger-
symptomen nach genau den unverträglichen Produkten, ist es abseh-
bar, wann es zu Problemen kommt.

Weißmehl, also Weizenauszugsmehl, ist feinstgemahlener Weizen,
der vorher geschält wurde. Meist werden noch Zusätze beigefügt, die
bessere Verarbeitbarkeit, Haltbarkeit etc. bewirken sollen. Ebenso wie
bei Backmitteln wird um diese Zutaten von den Herstellern ein Staats-
geheimnis gemacht. Es ist unmöglich zu erfahren, woraus sie bestehen, zumal sie ja nicht deklariert werden müssen, was ich als großen Makel ansehe. In der Schale des Getreidekorns jedenfalls befindet sich – insbesondere bei Weizen – der allergrößte Teil der Nährstoffe, im Mehlkörper sind kaum noch welche. Hier findet also keine Versorgung mit wichtigen Vitalstoffen statt, das Beste am Korn geht un-
genutzt verloren.

Das Gleiche gilt für Zucker: Er hat zwar großen Nährwert, bringt aber
keinerlei Mikronährstoffe mit und eventuell noch unerwünschte Zusätze, z. B. zum Bleichen, für die bessere Rieselfähigkeit etc. Auch Salz
beinhaltet übrigens solche Stoffe. Abgesehen davon enthalten viele
unserer Nahrungsmittel große Mengen Aromen und Zucker als Ersatz
dafür, dass sie aufgrund von konventioneller Erzeugung, die nur auf
Quantität anstatt auf Qualität ausgerichtet ist, kaum mehr Eigenge-
schmack aufweisen. Vielfach sind dafür auch Zuchtsorten verantwortlich, die zugunsten gewinnfördernder Eigenschaften wie besser Lager-
fähigkeit und höherer Erträge an Aroma und Geschmack verloren haben. Dies hat zur Folge, dass unser Geschmacksempfinden völlig
denaturiert ist.

Die Meisten von uns sind nicht damit zufrieden, Leitungswasser oder
ungesüßten Kräutertee zu trinken. Dies wäre aber das Optimum für
die Flüssigkeitsversorgung.

Übertreiben wir unsere Empfindlichkeiten?
Das mag für Nichtbetroffene so erscheinen. Wenn man aber so viel
Mühe darauf verwendet, genau zu kontrollieren, was man zu sich

nimmt, dann drängt sich einem auch die Tatsache auf, was für eine große Rolle die Ernährung spielt – nicht nur bei uns, sondern überall auf der Welt, in allen Kulturen und Regionen. Das soziale Leben ist untrennbar mit dem Essen verknüpft. Fast jede Einladung basiert auf Essen: Kaffeetrinken (mit Kuchen etc.), Essen gehen im Restaurant, Grillpartys usw. – jede Form von öffentlichen, privaten, familiären und sonstigen Festlichkeiten dreht sich immer ums Essen.

Die Gastgeber geben sich oft die größte Mühe und nicht selten kommt es vor, dass diese gekränkt oder sogar beleidigt sind, wenn man sich erkundigen muss, was sie denn zu servieren planen, was es geben wird und woher die Speisen stammen. Wenn man sich nach den Inhaltsstoffen erkundigt, kommt das nicht immer gut an. Ebenso das Angebot, seine eigenen Speisen und Getränke mitzubringen. Schnell wird unterstellt, man sei eingebildet, heikel und halte sich für etwas Besseres.

Ganz schwierig wird es, wenn das eigene Kind betroffen ist. Man muss feststellen, wie beliebt es ist, Kinder (und Tiere – dies ist ein ähnliches Problem) zu füttern. Fast könnte man glauben, viele Menschen möchten ihrer Zuwendung und Sympathie damit zum Ausdruck bringen, dass sie einem Kind etwas zu essen zustecken – meist Süßigkeiten. Häufig wird nicht verstanden, wenn man genauer nachfragt oder sogar ablehnt. Da man ja weiß, dass Kinder derartige Gaben gerne annehmen, muss man seine Augen überall haben. Nicht selten wird man dann als überbehütend, neidisch, missgünstig oder einfach nur bekloppt abgestempelt.

Es ist aber trotz all dieser Schwierigkeiten notwendig, trotzdem immer das Gespräch zu suchen und das Thema zu besprechen. Heute ist es schon nicht mehr so schwierig wie noch vor 20 Jahren, je nach Gegend trifft man auf mehr oder weniger großes Verständnis, denn immer mehr Menschen sind auf die eine oder andere Weise direkt oder indirekt betroffen, sodass der Umgang mit der Problematik immer alltäglicher wird. Dabei ist aber immer noch festzustellen, dass erstaunlich viele der Betroffenen zu wenig darüber wissen.

Wer Bio isst, macht alles richtig?

Zunächst einmal sei erwähnt, dass *Bio* allein erst einmal gar nichts sagt – zu viele unterschiedliche Kategorien sind mit dieser Bezeichnung unterwegs, erst recht seit der Einführung der europaweiten Normen.

Da Menschen, die Bio-Produkte bevorzugen, grundsätzlich eher Wert auf bewusste und vollwertige Ernährung, schonende Verarbeitung und Schutz von Umwelt und Ressourcen legen, ist die Wahrscheinlichkeit höher, dass sich so jemand sinnvoll, vollwertig und ausgewogen ernährt. Meist ist hier auch größere Achtsamkeit und mehr Wissen über Ernährung vorhanden.

Was aber Allergien oder Unverträglichkeiten betrifft, ist vielen nicht klar, dass hier oft Produkte besser vertragen werden können, die stärker verarbeitet und somit weniger naturbelassen sind. Beispielsweise werden einige Allergene abgeschwächt oder verschwinden beim Erhitzen. Viele Betroffene vertragen nur die rohe Form von Obst oder Gemüse nicht, aber verarbeitet, z. B. als Tomatensoße oder Apfelmus, können sie es essen. Dem steht das Thema *unbekannte Zusatzstoffe* gegenüber, sodass wir hier immer genau aufpassen müssen. Auch so ein Thema ist Vollkornbrot, mehr dazu weiter unten.

Bioprodukte haben zwar mehrere Vorzüge gegenüber konventioneller Ware, z. B. was Geschmack und Schadstoffkonzentration betrifft, sodass der Konsum gesundheitlich ganz sicher Vorteile hat, aber den von Unverträglichkeiten Betroffenen hilft das nicht, denn Bioprodukte können nicht vor Unverträglichkeiten schützen.

Sollten Erwachsene keine Milch trinken?

Dem kann man aus mehreren Gründen zustimmen, denn die Fakten sind bekannt. Auch in Europa nimmt die Zahl der Erwachsene stetig zu, die Enzyme zur Verdauung von Milchprodukten nicht mehr herstellen können. In Asien ist der Anteil noch viel größer.

In Deutschland wird ein seltsamer Kult um Milch und Milchprodukte getrieben, ähnlich wie um die Proteinversorgung im Allgemeinen. Es wird propagiert, dass der Mensch Milch z. B. als Kalziumlieferant benötigt, was aber gar nicht stimmt. Ob das mit einer gewissen Lobby zu tun hat? In seltsamem Widerspruch dazu steht die Wertschätzung, die den Erzeugern – Landwirten und Milchwirtschaft – entgegengebracht wird sowie der Etikettenschwindel, der auch hier getrieben wird. Wenig bekannt ist z. B. die Tatsache, dass die Bezeichnung *Bergmilch* sich generell nur darauf bezieht, in welcher Meereshöhe sich der Hof des Milchbauern befindet. Ob die Kühe dort aber dauerhaft im Stall eingesperrt werden oder den ganzen Sommer über auf den Almen grasen dürfen, das macht hier keinen Unterschied. Allein die Vorschriften, die die Molkerei vorgibt, entscheiden hier über ehrliche transparente Qualität.

Kein anderes erwachsenes Säugetier ernährt sich noch von Milch, schon gar nicht von der Milch anderer Arten (außer man füttert sie damit, wofür aber sinngemäß dasselbe gilt). Maximal werden Milch und Milchprodukte umständehalber konsumiert, wenn sie angeboten werden oder mangels Alternativen. Artgerecht ist das nicht.

Letztlich gibt es jede Menge Nachteile des Milchkonsums. Hierüber gibt es in der Welt der Wissenschaft allerdings Kontroversen. Auf keinen Fall aber sollte Milch zur Deckung des Flüssigkeitsbedarfs verwendet werden – ich sage bewusst nicht *getrunken werden*, denn Milch ist ein Nahrungsmittel und **kein** Getränk!

Damit will ich allerdings nicht sagen, dass wir überhaupt keine Milchprodukte mehr zu uns nehmen dürften, sondern dass es sich auf jeden Fall lohnt herauszufinden, ob uns diese guttun oder eher nicht bzw. in welchen Mengen. Es macht Sinn, das kritisch zu untersuchen, unter dem Aspekt, dass sich Unverträglichkeit auch hinter stärkerem Verlangen bzw. erhöhter Gier nach bestimmten Produkten verstecken kann.

Ist es sinnvoll, schon vorbeugend laktosefreie Produkte zu verzehren?

Wenn wir versuchen, Milchprodukte durch laktosefreie Produkte zu ersetzen, wird es mit hoher Wahrscheinlichkeit nur noch schwieriger und undurchsichtiger. Bei einer Unverträglichkeit von Milchprodukten werden auch die Bestandteile des Milcheiweißes nicht vertragen. Laktosestopper oder laktosefreie Produkte können hier zwar etwas helfen, das löst aber weder das Problem noch schützt es vor den Symptomen der Unverträglichkeit.

Ansonsten trifft das ein Problem, das in unserer Gesellschaft weit verbreitet ist: *Conveniant Food* oder *Design-Food* – wie immer man das Zeug nennen will. Das sind z. B. Light-Produkte in jeder Form, *ohne* ist heute genauso ein Werbeargument, wie *mit*. Weniger ist mehr, klar, dagegen wäre im Prinzip nichts einzuwenden, allerdings führt es oft zu einem höheren Konsum (zwei Scheiben Light-Käse statt einer, ist ja *light*). Warum aber sollte etwas, das stärker verarbeitet und dadurch automatisch teurer ist, besser oder gesünder sein?

Im Übrigen sagt der Zusatz *light* keineswegs, dass ein Produkt gesünder ist ober beim Abnehmen hilft. Die Bezeichnung *light* ist ein reines Werbeargument, die Anforderungen sind minimal (light darf ein Produkt bereits dann genannt werden, wenn Fett **oder** Zucker im Vergleich zu vorher um wenigstens 30 % reduziert wurde).

Weißer oder Vollkornreis – weniger ist mehr?

Wenn wir uns einmal rationell klar machen, was wir zum Leben brauchen, selbst unter Berücksichtigung aller möglichen Gelüste und Genussprodukte wie Schokolade, Kaffee etc., dann kommen wir zwangsläufig an den Punkt, dass wir mit unverarbeiteten Grundprodukten unser Ziel besser (und billiger!) erreichen.

Es gilt als erwiesene Tatsache, dass in finanziell weniger gut gestellten Bevölkerungskreisen das Risiko zum Übergewicht wesentlich höher ist. Das klingt doch paradox: Man hat weniger Geld und wird deswegen dick? Das liegt daran, dass man mit dem Druck, für möglichst wenig Geld möglichst große Mengen einzukaufen, automatisch zu den Billigprodukten gelangt, die extrem verarbeitet sind, um insgesamt kostengünstiger angeboten zu werden (das hat sehr viel mit der Haltbarkeit zu tun). Erst bei näherer Betrachtung fällt auf, dass Quantität nicht mit Qualität gleichzusetzen ist, z. B. was Brot betrifft. Weißbrot gibt es billig und viel, Vollkornbrot ist teurer und sieht nach weniger aus. Das Gleiche gilt für andere Vollwertprodukte wie z. B. Reis.

Ziehen wir aber den direkten Vergleich, stellt sich heraus, dass wir von den Vollkornprodukten viel kleinere Mengen brauchen, um satt zu werden. Man kann sich daher auch mit weniger Geld vollwertig ernähren, man darf sich nur nicht irritieren lassen. Die weniger verarbeiteten Produkte müssen wegen der größeren Menge an Faserstoffen, die darin enthalten sind, länger gekaut werden, sie enthalten auch viel mehr Nährstoffe, die der Körper dringend braucht. Die stärker verarbeiteten Produkte wie Toastbrot müssen kaum noch gekaut werden und landen daher schneller und in größerer Menge im Magen. Wir essen dadurch nicht nur mehr, sondern die Gesamtmenge enthält dennoch weniger Nährstoffe. Außerdem werden dem übliche Weißmehl – 406er Weizenauszugsmehl – diverse Zusätze beigemischt, die nirgendwo deklariert sein müssen. Für Leute mit Unverträglichkeiten und Allergien eine Zumutung.

Fazit: Weißmehl und Weißmehlprodukte etc. sind die sinnlosesten Nahrungsmittel, die wir überhaupt zu uns nehmen können. Wie kommt es nur, dass genau das bei uns so dermaßen verbreitet ist?

Im Übrigen sind die Fette in vielen fertigen und vorgefertigten Produkten und vor allem in Backwaren meist von niedriger Qualität, was für Gesundheit und Gewicht nicht von Vorteil ist. Absurd finde ich in dem Zusammenhang auch die Praxis, dass wir uns zwar einerseits achtlos, einseitig und nährstoffarm mit Fast Food und stark verarbeiteten Fertigprodukten ernähren, die daraus resultierenden Mängel dann aber mit Nahrungsergänzungsmitteln wie Vitaminprodukten behandeln. Das ist weder gesund noch billig.

Können Unverträglichkeiten leicht festgestellt werden?

Gerade wenn trotz Verdachts die Testergebnisse negativ sind, können Unverträglichkeiten mit *Immunglobulin-G-Tests* (IgG-Tests) festgestellt werden. Diese sind in Fachkreise umstritten.

Qualifizierten Therapeuten können Unverträglichkeiten sehr gut durch Bioresonanztests feststellen. Leider übernehmen gesetzliche Krankenkassen solche Kosten selten. Die Investition lohnt sich aber, da diese Methode auch hilft, die eigene Wahrnehmung zu steigern, sodass wir nach und nach lernen, selbst festzustellen, was uns nicht guttut. So esoterisch oder verrückt das vielen erscheinen mag, ist es dennoch eine reelle Möglichkeit und außerdem die einzige, abgesehen vom IgG-Test.

Spüren wir nicht selbst am besten, was uns bekommt und was nicht?
Das ist gerade bei Unverträglichkeiten oft ganz und gar nicht der Fall, im Gegenteil: Die Symptome beginnen schleichend, nahezu unbemerkt, und steigern sich langsam. Es dauert lange, bis man konkret feststellt, dass bestimmte Probleme auf Nahrungsmittelunverträglichkeiten zurückzuführen sind. Ich vermute, so manch einer findet das nie heraus. Das ist auch ein Grund für dieses Buch, denn ohne externe Hinweise wäre auch ich nie auf die Idee gekommen.
Wie schon beschrieben kann es auch sein, dass man geradezu einen suchtartigen Heißhunger auf genau die Dinge entwickelt, die nicht vertragen werden (siehe auch *Erste Anzeichen und Symptome*). Im Nachhinein konnte ich dann feststellen, dass ich diese Dinge verschlungen habe, sodass sie quasi ohne Berührung der Speiseröhre direkt im Magen landeten. Das hat dann auch noch zusätzlich den Nachteil, dass das Produkt fast unzerkaut und mit zu wenig Durchmengung mit Speichel, also nicht vorverdaut, im Magen ankommt, was die Verdauungsprobleme weiter verstärkt.

Frischkost: Obst und Gemüse
Seit vielen Jahren wird uns neben anderen Empfehlungen immer wieder ans Herz gelegt, wir sollten fünf Portionen Frischkost (Obst/Gemüse) pro Tag zu uns nehmen. Wenn wir das durchziehen wollen, haben wir ganz schön zu tun – und das Leben besteht ja nicht nur aus Essen.

Ich halte es für wichtiger, dass wir industriell veränderte Produkten weitgehend meiden, auch weil sie viele Zusatzstoffe enthalten, die bei eigener Herstellung aus frischen Zutaten nicht benötigt werden. Außerdem muss jeder für sich herausfinden, was guttut und was nicht. Die einen vertragen Fett schlecht, die anderen Obst, einige bekommen häufig Sodbrennen, reagieren also auf manche Speisen mit der Produktion von sehr viel Magensäure.

Obst ist geradezu ein Synonym für Gesundheit und gesunde Ernährung, es hat auch unzählige positive Wirkungen (in möglichst frischer und unverarbeiteter Form, dann aber auch noch möglichst aus regionaler und biologischer Erzeugung, das macht die Rotation sehr schwierig bis fast unmöglich). Ich wusste aber schon früh, dass ich keine Freundin von Obst bin – ich mag es einfach nicht. Warum das so ist, habe ich nie herausgefunden. Eine Fruktoseintoleranz konnte nicht festgestellt werden, ebenso wenig wie Histaminintoleranz. Trotzdem mag ich Obst nicht und habe auch nur Lust auf kleine Mengen. Ich denke, so eine Abneigung soll uns auch etwas sagen, vielleicht vertrage ich trotzdem kein Obst.

Was bedeutet das für meine Rotation?
Ich halte mich weiterhin an den Grundsatz: So frisch und unverarbeitet wie möglich, aber so verarbeitet, dass es mir schmeckt.

Tag 1: Äpfel, Beeren, Aprikosen, Mango
Äpfel mag ich nicht besonders, weder frisch noch als Kuchen (wozu auch, ein Apfelkuchen, der meinen Diätkriterien entspricht, schmeckt ohnehin nicht so gut, sodass ich auch darauf verzichten kann) oder Apfelmus.
Beeren sind nur saisonal erhältlich. In der Praxis ist mir die Zubereitung zu nervig. Ich brauche nur winzige Mengen, weil sie ja nicht lange haltbar sind.
Aprikosen esse ich notfalls getrocknet (allerdings ausschließlich ungeschwefelt aus Bioanbau, bevorzugt die harten, kleinen und sauren Wildaprikosen).

Mango schmecken mir, auch gern im Hauptgericht von Tag 1. Die gibt es aber kaum aus Bioanbau, Regionalerzeugung ist Fehlanzeige.

Tag 2: Zitrusfrüchte

Zitrusfrüchte mag ich eigentlich nicht, von mehr als kleinen Mengen bekomme ich Bauchschmerzen bzw. Brennen im Magen. Ab und zu trinke ich ein Glas Grapefruitsaft, auch mit Zitrone. Zitrone wäre eigentlich das Salatdressing des Tages, aber Kartoffelsalat mit Zitrone geht wirklich schlecht, deshalb nehme ich dafür trotzdem Weinessig (*Altmeister*).

Ananas verlege ich meistens auf Tag 4 (Hauptgericht mit Linsen und sonstigen Hülsenfrüchten).

Tag 3: Kokos, Datteln, Kirschen, Pflaumen/Zwetschgen

Zum Frühstück gehören neben Hirse, Kokos, Schokolade auch Datteln (getrocknet, ungeschwefelt und aus Bioerzeugung) sowie Kirschen. Früher habe ich Zwetschgen gegessen, allerdings mochte ich die noch nie besonders und in den ersten zwei Jahren der Diät habe ich sie immer mehr weggelassen.

Kirschen esse ich jetzt im Frühstück in Form von Sauerkirschmarmelade. Frische Kirschen zu entsteinen übersteigt morgens definitiv meine Kapazitäten – und wo sollte ich die auch morgens hernehmen? Deshalb verwende ich Marmelade mit dem höchsten erhältlichen Fruchtanteil (70 %) und nicht mit Zucker, sondern mit z. B. Agavendicksaft.

Tag 4: Trockenfeigen, Bananen

Morgens Trockenfeigen (ungeschwefelt) mit Quinoa, Walnüssen, Sojadrink und Banane, weil die ja auch ausgezeichnet zum Kaffee passt.

Statt Obst esse ich aber ziemlich gern Gemüse. Außer dem Obst zum Frühstück sind das dann:

Tag 1:

Oliven, Chicorée, Zucchini, manchmal Tomate (zu Nudeln), manchmal die milchgesäuerten Dillgurken, die ich so zum *Vitam*-Brot mag oder Salatgurke – die eine oder andere kommt aber öfter auch in den Kartoffelsalat an Tag 2. Das sind so Variationen, die ich mir nach einigen Jahren Rotationsdiät erlaubt habe. Streng genommen wiederspricht es aber dem Schema, also Vorsicht, solange die Allergiegefahr noch sehr hoch ist!

Gurken aus Bio-Erzeugung dürfen wir auch mit der Schale essen – schmeckt lecker, knackig und aromatisch!

Tag 2:

Kartoffeln, Zwiebeln, Salat- oder Essiggurken, gern auch mal Paprika, Tomaten oder selten – weil sie so gut zu Kartoffeln passen – auch Rote Beete.

Ich bin noch auf der Suche nach milchsaurer Rote Beete, die sind sicher genauso gut wie die milchsauren Salz-Dill-Gurken.

Tag 3:

Avocado, Mais, Salat, Pilze.

Tag 4:

Alle Hülsenfrüchte (Linsen, Bohnen, Erbsen) und Chinakohl

So komme ich zumindest auf bis zu drei Frischkostportionen pro Tag. Nicht immer roh, denn Rohkost ist für mich nicht sehr gut verträglich, deshalb wird alles, besonders auch Zwiebel oder Knoblauch, aber auch Chinakohl zumindest kurz blanchiert oder glasig gedünstet. So vertrage ich vieles, das ich roh nicht essen könnte.

Ich denke, für mich reicht das an Frischkost, mehr brauche ich nicht. Mir wurde nach ungefähr sieben Jahren Rotationsdiät bei einer Knochendichtemessung ein ausgezeichnetes Ergebnis bescheinigt, trotz über fünfjähriger Milchabstinenz. Ich vermute, dass es gar nicht so wichtig ist sich zu bemühen, solch isolierte Ratschläge zu befolgen.

Es gibt nicht *die* gesunde Ernährung, sondern es ist insgesamt eine Frage der Einstellung, die wir zu unserer Ernährung und deren Zusammensetzung haben. Meine persönlichen Vorbehalte beziehen sich dabei mehr auf die Qualität und die Produktionsbedingungen der Lebensmittel als auf die Kombination individueller Ernährungspläne. In dem Zusammenhang taucht bei uns auch der Begriff *Clean Eating* auf. Hierbei geht es darum, Lebensmittel so naturbelassen wie möglich – und verträglich – zu sich zu nehmen. Alles andere ist Einstellungssache bzw. unterliegt individuellen Parametern. Wissenschaftlich ließ sich das bisher praktisch nicht belegen, wahrscheinlich müssten dazu Studien mit vielen Probanden über ganze Lebensspannen, zumindest jedoch über Jahrzehnte durchgeführt werden. Da es aber nicht um die Entwicklung eines Medikaments oder anderen Produkts geht, wo Profite zu erwarten wären, sondern eher das Gegenteil – nämlich dass Medikamente und Nahrungsergänzungsmittel überflüssig werden –, ist das Interesse gering und eine Finanzierung fast unmöglich.

Bis heute sind solche Erkenntnisse nicht in Stein gemeißelt, vieles wird erst eine Zeit lang sehr stark vertreten und später wiederlegt. Beispiele hierfür gibt es viele, z. B. Cholesterin: Butter wurde erst für gesundheitsschädlich gehalten, dann wieder nicht. Dasselbe mit Eiern, Kaffee, Kohlehydraten etc. Wie beispielsweise bei der Homöopathie gibt es auch Einflüsse, die sich einer wissenschaftlichen Untermauerung entziehen, was aber nicht heißt, dass sie nicht da sind, denn auch das kann ja nicht bewiesen werden.

Vollkornbrot

Überall gibt es Produkte zu kaufen, die sich *Vollkornbrot* nennen, besonders auch aus industrieller Erzeugung. Es hält sich hartnäckig die These, Vollkorn(-brot) sei sooo gesund und Vollkorn sei automatisch bio, bio automatisch Vollkorn etc. Viele von uns können aber Vollkornbrot nicht vertragen oder mögen es nicht.

Interessanterweise kommt die mediterrane Küche, die ja nachgewiesenermaßen sehr gesundheitsfördernd ist und der auch lebensverlängernde Wirkung bescheinigt wird, völlig ohne Vollkornprodukte aus. Was könnte der Grund dafür sein?

Richtiges Vollkornbrot gibt es weltweit praktisch nur in Deutschland oder von deutschen Bäckereien. Es schmeckt ausgezeichnet, wird meist gut vertragen und besteht so gut wie ausschließlich aus verschiedenen Mehl- und Schrotmischungen, Wasser und Salz. Als Treibmittel zur Lockerung des Teigs wird ausschließlich Sauerteig verwendet.

Im industriell hergestellten schnell gebackenen sogenannten *Vollkornbrot*, wie man es an jeder Ecke in Backshops bekommt, finden aber Mehl, auch Malz und Zuckerkulör (für die knusprig braune Farbe ohne längere Backzeit), Gewürze, Hefe und jede Menge Backtriebmittel, Konservierungsstoffe und alle möglichen zusätzlichen Hilfsstoffe Verwendung. Dabei ist der Preis häufig nicht niedriger als der für ordentliches, richtiges Vollkornbrot ohne Hefe und Backtriebmittel etc. Den Verbrauchern ist es nicht möglich, eine vollständige Deklaration der Inhaltsstoffe zu bekommen. Ich finde so etwas immer sehr bedenklich und ich möchte mir gar nicht vorstellen, was dann da noch alles drin ist, wenn die das nicht angeben wollen.

Hefe hat meiner Ansicht nach in einem Vollkornbrot nichts zu suchen bzw. bedeutet mindere Qualität und ist meist der Anfang allen Übels. Mithilfe von Gär- bzw. Backtriebmitteln geht dieser Teig innerhalb weniger Stunden auf. Hier ist das Getreide nicht gründlich genug aufgeschlossen. Um dieses Brot zu vertragen, müsste man, wenn überhaupt, ganz besonders lang und gründlich kauen – jeden Bissen hundertmal – wer von uns macht das schon? Da säßen wir dann an einer Scheibe Brot eine halbe Stunde.

Der Grund, warum die Brotindustrie zu chemischen Hilfsmitteln greift, ist einfach: Sauerteig braucht lange, damit das volle Getreidekorn – inklusive Randschichten und allem, was die Natur ihm mitgibt – sauber aufgeschlossen und somit verträglich ist. Bäckereien, die traditionell backen, geben dem Natursauerteig viel Zeit. In der *Hofpfisterei* in München wird das Getreide schon vor der Teigherstellung in der *Brüh-*

stückanlage in schonendem Dampfgarverfahren vor dem Backen aufgeschlossen. Somit ist dieses Brot wesentlich besser verträglich als Brote aus industrieller Herstellung, wo Zeiteinsparung ein wichtiger Faktor ist. Der Verdauungs- und Stoffwechselprozess ist nicht übermäßig mühsam, dabei aber langsam genug, um alle bekannte Effekte zu erreichen, was den Stoffwechsel der langkettigen Kohlehydrate, die Sättigungsdauer, den Insulinspiegel und die benötigte Menge betrifft. Sauerteig entsteht unter milchsauerer Gärung und ist probiotisch. Vielleicht mag ich das Brot deshalb so. Ich habe festgestellt, dass ich alle milchsauer vergorenen Produkte sehr gerne mag, neben Sauerteigbrot auch milchsaueres Gemüse, Bier oder Wein und sogar Tabak. Wahrscheinlich ist es mein Darm-Hirn, das mir das einflüstert, weil es die Milchsäurebakterien zum Wohlbefinden braucht. Übrigens haben die nichts mit Kuhmilch zu tun, sie kommen erst in vergorenen Milchprodukten wie Joghurt oder Kefir vor.

Hefepasten

Jetzt noch ein kleiner Exkurs zu *Vitam-R*: Das ist eine Hefepaste, die es nur im Reformhaus gibt. Die Menschheit teilt sich in begeisterte *Vitam*-Liebhaber und *Vitam*-Hasser. Dazwischen gibt es kaum etwas, außer denen, die es nicht kennen. Den Geschmack stellt man sich am besten ähnlich dem von Suppenbrühe vor, wenn auch etwas weniger stark konzentriert: salzig, würzig und nach Hefe, es liegt im Bereich der inzwischen auch hierzulande als Umami bekannten fünften Geschmacksrichtung, zu der auch der Geschmack von Fleisch zählt, eine Mischung aus salzig, süß, sauer und bitter.

Die Australier haben eine wesentlich extremere Variante dieses Produkts: das *Vegamite*. Diese ist noch dunkler und fester, wird gern mit *Wagenschmiere* verglichen [fast schwarz und zäh], zählt aber in Australien, anders als bei uns, fast zu den Nationalspeisen. Auch die Briten haben eine, wie ich vermute, ähnliche Variante, bei ihnen heißt das *Marmite*. Auch diese besteht als Grundstoff hauptsächlich aus Bierhefe, die wegen der darin enthaltenen B-Vitamine, Niacin und

Pantothensäure positive Wirkungen auf Nerven und Muskeln ausübt und grundsätzlich den Stoffwechsel unterstützt.

Allerdings ist Hefeextrakt in letzter Zeit auch in Verruf geraten, weil es zunehmend als Würzmittel oder Geschmacksverstärker anstelle von anderen, weit unbeliebteren Substanzen wie Glutamat Anwendung findet und der gesundheitliche Nutzen und Schaden von geschmacksverstärkenden Substanzen immer öfter diskutiert wird. Glutamat wird häufiger nicht vertragen oder kann je nach Dosierung auch stärkere allergische Reaktionen hervorrufen.

Laut dem Hersteller von *Vitam* liegt der Vorteil ihrer Produkte in der Herstellungsart: Sie wenden das schonende Verfahren der Autolyse an, bei der sich die Zellwände der Hefezellen bei Temperaturen bis maximal 32 °C selbstständig öffnen. Die Proteinstrukturen bleiben durch diese schonende Verarbeitung weitgehend unverändert, sodass die wertvollen Vitalstoffe erhalten blieben und für den Stoffwechsel verfügbar werden. Der Glutamatgehalt ist wesentlich geringer als in anderen Hefeextrakten und wirkt somit hier weder geschmacksverstärkend noch appetitanregend, die Mengen bleiben im unbedenklichen Bereich.

So viel zu den Hefepasten, die durch den großen Gehalt an B-Vitaminen sehr gesund sein sollen.

Trinken –was, wann, wieviel

Über das Trinken wird viel geschrieben, besonders über die tägliche Trinkmenge. Dabei ist diese äußerst individuell und hängt stark von der Lebensgestaltung und persönlichen physiologischen Faktoren ab.

Aus meiner Sicht sind hier ganz besonders zwei Aspekte wichtig: was und wann.

Was

Als Getränk zur Deckung des Flüssigkeitsbedarfs, eignen sich die meisten Produkte, die in diesem Zusammenhang konsumiert werden, **nicht**! Das sind:

- Bier, Alcopops, Cidre (so alkoholarm er auch sein mag) sowie alle übrigen alkoholhaltigen Getränke (das sind reine Genussmittel)
- Kaffee (Genussmittel)
- Milch- und Milchprodukte bzw. Produkte, die Bestandteile von Milch enthalten wie z. B. Molke, Kefir, Säfte, Nektare, Smoothies (das sind Nahrungsmittel)
- jede Form von Fruchtsaftgetränken, Limos, sogenannte *Softdrinks*, die außer Zucker bzw. Süßungsmitteln alle möglichen Farb- und Aromastoffe sowie Kohlensäure enthalten (das sind eher Mischungen aus Genuss- und Lebensmitteln)

Zur Deckung des Flüssigkeitsbedarfs geeignet sind:
- Wasser (am bestens allerdings ohne oder mit nur ganz wenig Kohlensäure)
- Tee (hauptsächlich Kräutertee), eventuell auch Grüntee (dem wegen seines Fluoridgehalts eine zahnschonende Wirkung bescheinigt wird), eher kein Schwarztee (der kann, ähnlich wie Kaffee, die Eisenaufnahme fast komplett verhindern bzw. sogar Eisen binden – diese Erfahrung musst ich leider während der Schwangerschaften machen, als ich wegen skandalös niedriger Eisenwerte behandelt wurde, aber kein Mensch und auch kein Arzt sich die Mühe gemacht hat, mich danach zu fragen, wie viel Schwarztee ich trank) – im Gegensatz zu Wasser enthält Tee (insbesondere Kräuter- bzw. Grüntee) eine höhere Fülle und Vielfalt an Mineralstoffen
- Reiner Fruchtsaft eignet sich bedingt, dann am besten als Schorle mit Wasser verdünnt (oder mit Kräutertee, das mögen z. B. Kinder häufig gern). Fruchtsaft ist grundsätzlich eher den Nahrungsmitteln zuzuordnen.

Die ganzen süßen und kalorienhaltigen Industriegetränke sollten nicht als Durstlöscher verwendet, sondern als Süßigkeit bzw. Genussmittel angesehen und mit der dementsprechenden Zurückhaltung konsumiert werden. Das wäre ein großer Schritt auf dem Weg der Prophylaxe gegen viele zivilisationsbedingte Erkrankungen.

<u>Wann?</u>
Es wird viel darüber publiziert, was und wieviel getrunken werden soll. Dabei wird aber oft etwas vergessen, was sich für mich als wichtig herausgestellt hat: Die Hauptmenge der Getränke sollte man **nicht** zum Essen trinken, sondern mit ausreichendem Abstand zwischen den Mahlzeiten.

Der Grund ist einfach: Größere Mengen an Flüssigkeit können zum Verdünnen der Magensäure führen, was dann die Verdauung erschwert. Zwar gelangen Flüssigkeiten schneller in den Darm als feste Nahrung, trotzdem habe ich das Gefühl, dass mir das Verdauen leichter fällt, wenn ich zum Essen nur wenig trinke (mehr dazu kann man z. B. bei Giulia Enders *Darm mit Charme* nachlesen).

Dies bedeutet dann im Umkehrschluss, dass wir im Lauf des Tages das Trinken nicht vergessen dürfen. Dann kann man abends auch rechtzeitig aufhören zu trinken, was zu einer ungestörten Nachtruhe beitragen kann. Das finde ich oft sehr schwierig, besonders wenn ich das Trinken tagsüber vergessen habe, dann nämlich kommt abends bei mir der Durst.

<u>Wieviel?</u>
Lange wurden konkrete Mengen empfohlen, also etwa *mindestens zwei Liter am Tag*. In letzter Zeit gab es hier eine Änderung: Seit Neuestem heißt es, das sei überbewertet worden, auch weniger Flüssigkeit führe nicht zu Problemen. Auch wird jetzt anerkannt, dass dies individuell abweichen kann.

Für mich steht auch hier fest: Jeder von uns sollte seine persönliche Menge herausfinden und einhalten. Vielleicht brauchen wir auch von *richtiger Flüssigkeit* – also Wasser oder Tee – weniger, weil sie für uns leichter verwertbar ist. Sicher richtet sich der Bedarf nach individuellen Parametern.

Die gleiche Achtsamkeit, die wir aufwenden, um zu erspüren, welches Essen uns guttut und welches nicht, sollten wir uns auch bei der Flüssigkeitsaufnahme gönnen.

Zum Thema Genussmittel

In meinem Ernährungsplan fehlt praktisch jede *kleine Sünde*. Gemäß meiner Rotation sind ja ungesunde, verarbeitete Produkte und Genussmittel ohnehin weitgehend einzuschränken bzw. zu meiden, schon um die Darmschleimhaut nicht unnötig zu reizen. Das ist ja soweit auch keine neue Erkenntnis. Man könnte jetzt aber meinen, ich wäre eine Heilige, ein Ausbund an Selbstdisziplin und Tugend. Das trifft jedoch ganz und gar nicht zu. Ich finde es immer schade, dass viele gute Verhaltensvorschläge daran scheitern, dass kategorisch jedes Genussmittel verboten ist und weitgehende oder sogar völlige Abstinenz gefordert wird. Das ist doch deprimierend und niemand hält das lange durch oder es schreckt viele von vornherein ab. Ich halte es für viel sinnvoller, sich das zu gönnen, was einem guttut, aber in Maßen und mit Gespür: keine ganze Flasche Wein, sondern zwei kleine Gläser etc. Ich glaube, das schadet weniger, als völliger Verzicht mit der unvermeidlichen anschließenden maßlosen Entgleisung.

Ich persönlich bevorzuge übrigens für meine kleinen Sünden biologisch erzeugten Rotwein. Man kann weitgehend sicher sein, was drin ist und die Verträglichkeit ist besser. Guter Rotwein schmeckt mir einfach gut und ich finde, man bekommt weniger schnell einen Kater, falls es an einem längeren Abend doch mal mehr als ein Glas wird.

Außerdem liebe ich Bier. In jüngeren Jahren und bevor ich krank wurde, habe ich gerne Weißbier getrunken. Schon immer war klar, dass ich Bier zum nur sehr langsam trinken kann, in kleinen Schlucken (u. a. weil ich Kohlensäure noch nie besonders gut vertragen habe und die Bierhefe für meine Blähungen verantwortlich mache) und zum anderen über zwei Halbe ohnehin nie hinauskomme, was ja aber nicht weiter schlimm ist, außer dass es mir sehr gut schmeckt. Leider bzw. zu meinem Glück vertage ich generell nur geringe Mengen Alkohol. Rauschzustände und die dementsprechenden Entgleisungen sehe ich als absolut verzichtbar an, sodass ich keine Schwierigkeiten damit habe, die konsumierten Mengen entsprechend gering zu halten.

Nach der Einführung meiner Diät und nach der Auslassphase, als ich wieder Getreideprodukte zu mir nehmen konnte, stellte ich sehr erfreut fest, dass Bier zu den Tag-1-kompatiblen Getränken zählt – Stichwort *Bayerisches Reinheitsgebot*. Allerdings habe ich erst Pils und später Helles probiert. Diese Sorten sind oft milder, gefiltert, enthalten weniger Hefe und es gibt auch Sorten, die relativ kohlensäurearm sind (ohne abgestanden zu schmecken). Seit Neuestem schmeckt mir allerdings noch besser das Dunkle, hier ist noch weniger Kohlensäure enthalten, es schmeckt sehr aromatisch, kann aber einen höheren Alkoholgehalt haben.

Einen Versuch mit ursprünglichem ungefilterten Bier bzw. Kellerbier habe ich mehr oder weniger unfreiwillig unternommen und obwohl mir das ganz toll schmeckt (weil ich, auch was Apfelessig, Säfte oder Wein betrifft lieber die ungefilterten naturtrüben Varianten bevorzuge) zog das eine sehr schmerzhafte Nacht nach sich mit heftigsten Bauchkrämpfen.

Unlängst haben wir in London das *Indian Pale Ale* entdeckt. Das gibt es auch bei und in der Craft-Bier-Ecke. Diese Biere sind fast alle unfiltriert, also naturtrüb, haben aber meist einen höheren Alkoholgehalt.

Außerdem habe ich festgestellt, dass ich generell Alkohol am besten abends bzw. nach 17 Uhr vertrage. Dies konnte auch schon wissenschaftlich untermauert werden, der Stoffwechsel baut zu dieser Tageszeit den Alkohol nämlich besser ab. Und mir schmeckt er dann einfach besser, außer vielleicht mal im Urlaub, wo ich schon mal mittags ein Bier trinke. Deshalb beschränke ich meinen Alkoholkonsum

a) wegen der Rotation grundsätzlich auf ca. alle vier Tage – ich genehmige mir aber Ausnahmen,

b) auf Abends und

c) auf Produkte, die von ihren Zutaten her transparent sind, also aus Trauben bzw. gemäß dem bayerischen Reinheitsgebot aus Wasser, Gerste, Hopfen, Malz und Hefe bestehen.

Was Alkohol oder auch andere Genussmittel betrifft, finde ich es am allerwichtigsten, dass wir ein Gespür dafür entwickeln, was uns in welchen Mengen guttut und was nicht oder was vielleicht nur in kleinen Mengen vertragen werden kann. Ich halte es für gesünder, ein bisschen mit Genuss zu sündigen, soweit man seine Grenzen kennt, anstatt sich grundsätzlich alles zu versagen. Nichts ist grundsätzlich giftig, allein die Dosis macht es aus. Wenn wir unseren Systemen eine Chance zur Regeneration geben, halte ich das für gesünder als krampfhaften Verzicht.

Generell bin ich eher ein undisziplinierter Mensch. Es fällt mir sehr schwer, was auch immer regelmäßig und planvoll durchzuziehen, egal wie gut und gesund es sein mag. Viele haben mir schon gesagt, sie könnten meine Rotations-Ernährung nie durchhalten. Da kann ich nur vermuten, dass der Leidensdruck nicht hoch genug ist. Ich schaffe es jetzt schon so viele Jahre und mir geht es gut dabei. Insofern fällt es mir auch nicht zu schwer, Maß zu halten mit den *Genussgiften*. Ich habe meine schlimmsten Zeiten nicht vergessen und möchte das nie wieder erleben. Das ist für mich Ansporn und Motivation genug. Ich freue mich für alle, die das nicht zu machen brauchen. Ich hoffe aber für alle, die es machen müssen, dass sie es schaffen und dass es ihnen dann besser oder zumindest nicht noch schlechter geht, denn auch das kann ja manchmal schon ein Erfolg sein.

ANHANG

Produktliste – Bezugsquellen

Nahrungsmittel:

- *Alpro Sojadrink* – erhältlich in verschiedenen Varianten, gesüßt und ungesüßt, in Bioqualität – alle mit Soja ohne Gentechnik
- *Altmeister Hengstenberg* – weinwürziger Essig
- *Natura Frugola* körnige Würze, glutenfrei, vegan und seit Kurzem sogar ohne Palmfett (!); auch als hefefreie Sorte erhältlich (schmeckt aber anders, ich finde nicht so gut, aber es ist wieder eine wertvolle Alternative zum Würzen); erhältlich im Reformhaus
- *Mani Oliven* – die besten Oliven weltweit; erhältlich in Bioläden https://www.mani-blaeuel-shop.com/
- *Mazola Keimöl*
- *Ceres 83 % MCT Margarine* (früher: *Neuform MCT basis plus Margarine + Öl*), erhältlich im Reformhaus http://www.drschar-medical.com/de/unsere-produkte/mct-fette/
- *Vitam-R* – Hefeextrakt zum Würzen und als Brotaufstrich, erhältlich im Reformhaus http://www.vitam.de/vitam-r-hefeextrakt.html
- *Vitaquell Vitasieg* – vegane Margarine www.vitaquell.de
  Milupa Pregomin AS

Nahrungsergänzung:

- *Danone Nutricia GmbH Diät Elemental 028 flüssig* – bilanzierte Diät-Trinknahrung im 0,25-l-Tetrapack, erhältlich über Apotheken oder online
https://www.nutricia.de/produkte/trinknahrung/ausgewaehlte+indikationen/30040000/elemental+028/30040200
- *Dr. Wolz Darmflora plus select Kapseln* – zur Optimierung der Zusammensetzung des Mikrobioms im Darm, erhältlich im Reformhaus
https://www.wolz.de/produkte/darmgesund-fuer-eine-gesunde-darmfunktion/darmflora-plus-select-dr-wolz.html
- *Kräuterblut Floradix* von Salus zur Eisenergänzung
https://www.salus.de/de/marken/salus/floradix/floradix-mit-eisen-tonikum-03006726/
- *Nutrimmun Probiotik pur, Probiotik Sport* – zur Optimierung der Zusammensetzung des Mikrobioms im Darm, erhältlich in der Apotheke
http://www.nutrimmun.de/
- *Omniflora* von GlaxoSmithKline Consumer Healthcare GmbH & Co. KG – zur Optimierung der Zusammensetzung des Mikrobioms im Darm
http://www.omniflora.info/omniflora-n.html
- *ProBio-Cult lactosefrei* von Syxyl GmbH & Co. KG – zur Optimierung der Zusammensetzung des Mikrobioms im Darm
http://www.syxyl.de/produkte/detail/product/probio-cult-lactosefrei.html
- *Ferrosanol Duodena Dragees*
- *Tardyferon Dragees*

Sonstiges:

- *Bioland*: http://www.bioland.de/start.html
- *Demeter*: www.demeter.de
- *Herrmannsdorfer Landwerkstätten*: http://www.herrmannsdorfer.de
- *Höpfner-Pyramide*: http://revitamed.de/startseite (wenn auch gemäß dem Hersteller »... *nach Höpfners eigener Meinung seine Pyramide durch die Konverter-Technologie in jeder Hinsicht überholt ist* ...«)
- *Hofpfisterei, Landfrau*: https://www.hofpfisterei.de/
- *MSC*: https://www.msc.org/de

Quellennachweis

- *mineralmed*, Jutta-Poschet-Immundiät, z. B. in *Die-Jutta-Poschet-Immun-Diät* von Jutta Poschet, F. A. Herbig Verlagsbuchhandlung GmbH, ISBN 978-3-7766-2700-8,
- *Darm mit Charme* von Giulia Enders, Ullstein Verlag, ISBN 978-3-550-08184-2

MIX

Papier | Fördert
gute Waldnutzung

FSC® C083411

Zeitfracht Medien GmbH
Ferdinand-Jühlke-Straße 7
99095 Erfurt, Deutschland
produktsicherheit@kolibri360.de